陳福成著

# 陳福成著作全編

第六十六冊　第四波戰爭開山鼻祖賓拉登

文史哲出版社印行

國家圖書館出版品預行編目資料

**陳福成著作全編** / 陳福成著. -- 初版. --臺北市：文史哲,民 104.08
頁： 公分
ISBN 978-986-314-266-9（全套：平裝）

848.6　　　　104013035

# 陳福成著作全編

## 第六十六冊　第四波戰爭開山鼻祖賓拉登

著　　者：陳　福　成
出 版 者：文 史 哲 出 版 社
http://www.lapen.com.tw
登記證字號：行政院新聞局版臺業字五三三七號
發 行 人：彭　正　雄
發 行 所：文 史 哲 出 版 社
印 刷 者：文 史 哲 出 版 社
臺北市羅斯福路一段七十二巷四號
郵政劃撥帳號：一六一八〇一七五
電話886-2-23511028 · 傳真886-2-23965656

全 80 冊定價新臺幣 36,800 元

二〇一五年（民一〇四）八月初版


ISBN 978-986-314-266-9　　08981

# 陳福成著作全編總目

**壹、兩岸關係**

①決戰閏八月
②防衛大台灣
③解開兩岸十大弔詭
④大陸政策與兩岸關係

**貳、國家安全**

⑤國家安全與情治機關的弔詭
⑥國家安全與戰略關係
⑦國家安全論壇。

**參、中國學四部曲**

⑧中國歷代戰爭新詮
⑨中國近代黨派發展研究新詮
⑩中國政治思想新詮
⑪中國四大兵法家新詮：孫子、吳起、孫臏、孔明

**肆、歷史、人類、文化、宗教、會黨**

⑫神劍與屠刀
⑬中國神譜
⑭天帝教的中華文化意涵
⑮奴婢妾匪到革命家之路：復興廣播電台謝雪紅訪講錄
⑯洪門、青幫與哥老會研究

**伍、詩〈現代詩、傳統詩〉、文學**

⑰幻夢花開一江山
⑱赤縣行腳・神州心旅
⑲「外公」與「外婆」的詩
⑳尋找一座山
㉑春秋記實
㉒性情世界
㉓春秋詩選
㉔八方風雲性情世界
㉕古晟的誕生
㉖把腳印典藏在雲端
㉗從魯迅文學醫人魂救國魂說起
㉘六十後詩雜記詩集

**陸、現代詩（詩人、詩社）研究**

㉙三月詩會研究
㉚我們的春秋大業：三月詩會二十年別集
㉛中國當代平民詩人王學忠
㉜讀詩稗記
㉝嚴謹與浪漫之間
㉞一信詩學研究：解剖一隻九頭詩鵠
㉟囚徒
㊱胡爾泰現代詩臆說
㊲王學忠籲天詩錄

**柒、春秋典型人物研究、遊記**

㊳山西芮城劉焦智「鳳梅人」報研究
㊴在「鳳梅人」小橋上

# 總序：陳福成的一部文史哲政兵千秋事業

陳福成先生，祖籍四川成都，一九五二年出生在台灣省台中縣。筆名古晟、藍天、司馬千、鄉下人等，皈依法名：本肇居士。一生除軍職外，以絕大多數時間投入寫作，範圍包括詩歌、小說、政治（兩岸關係、國際關係）、歷史、文化、宗教、哲學、兵學（國防、軍事、戰爭、兵法），及教育部審定之大學、專科（三專、五專）、高中（職）等各級學校國防通識（軍訓課本）十二冊。以上總計近百部著作，目前尚未出版者尚約二十部。

我的戶籍資料上寫著祖籍四川成都，小時候也在軍眷長大，初中畢業(民57年6月)，投考陸軍官校預備班十三期，三年後（民60）直升陸軍官校正期班四十四期，民國六十四年八月畢業，隨即分發野戰部隊服役，到民國八十三年四月轉台灣大學軍訓教官。到民國八十八年二月，我以台大夜間部（兼文學院）主任教官退休（伍），進入全職寫作高峰期。

我年青時代也曾好奇問老爸：「我們家到底有沒有家譜？」

他說：「當然有。」他肯定說，停一下又說：「三十八年逃命都來不及了，現在有個鬼啦！」

兩岸開放前他老人家就走了，開放後經很多連繫和尋找，真的連鬼都沒有了，茫茫無垠的「四川北門」，早已人事全非了。

但我的母系家譜卻很清楚，母親陳蕊是台中縣龍井鄉人。她的先祖其實來台不算太久，按家譜記載，到我陳福成才不過第五代，大陸原籍福建省泉州府同安縣六都施盤鄉馬巷。

第一代祖陳添丁、妣黃媽名申氏。從原籍移居台灣島台中州大甲郡龍井庄龍目井字水裡社三十六番地，移台時間不詳。陳添丁生於清道光二十年（庚子，一八四〇年）六月十二日，卒於民國四年（一九一五年），葬於水裡社共同墓地，坐北向南，他有二個兒子，長子昌，次子標。

第二代祖陳昌（我外曾祖父），生於清同治五年（丙寅，一八六六年）九月十四日，卒於民國廿六年（昭和十二年）四月二十二日，葬在水裡社共同墓地，坐東南向西北。陳昌娶蔡匏，育有四子，長子平、次子豬、三子波、四子萬芳。

第三代祖陳平（我外祖父），生於清光緒十七年（辛卯，一八九一年）九月二十五日，卒於（年略記）二月十三日。陳平娶彭宜（我外祖母），生光緒二十二年（丙申，一八九六年）六月十二日，卒於民國五十六年十二月十六日。他們育有一子五女，長子陳火，長女陳變、次女陳燕、三女陳蕊、四女陳品、五女陳鶯。

以上到我母親陳蕊是第四代，到筆者陳福成是第五代，與我同是第五代的表兄弟姊妹共三十二人，目前大約半數仍在就職中，半數已退休。

寫作是我一輩子的興趣，一個職業軍人怎會變成以寫作為一生志業，在我的幾本著作都詳述（如《迷航記》、《台大教官興衰錄》、《五十不惑》等」。我從軍校大學時代開始寫，從台大主任教官退休後，全力排除無謂應酬，更全力全心的寫（不含為教育部編著的大學、高中職《國防通識》十餘冊）。我把《陳福成著作全編》略為分類暨編目如下：

**壹、兩岸關係**

①《決戰閏八月》②《防衛大台灣》③《解開兩岸十大弔詭》④《大陸政策與兩岸關係》。

**貳、國家安全**

⑤《國家安全與情治機關的弔詭》⑥《國家安全與戰略關係》⑦《國家安全論壇》。

**參、中國學四部曲**

⑧《中國歷代戰爭新詮》⑨《中國近代黨派發展研究新詮》⑩《中國政治思想新詮》⑪《中國四大兵法家新詮：孫子、吳起、孫臏、孔明》。

**肆、歷史、人類、文化、宗教、會黨**

⑫《神劍與屠刀》⑬《中國神譜》⑭《天帝教的中華文化意涵》⑮《奴婢妾匪到革命家之路：復興廣播電台謝雪紅訪講錄》⑯《洪門、青幫與哥老會研究》。

**伍、詩〈現代詩、傳統詩〉、文學**

⑰《幻夢花開一江山》⑱《赤縣行腳・神州心旅》⑲《「外公」與「外婆」的詩》、⑳《尋找一座山》㉑《春秋記實》㉒《性情世界》㉓《春秋詩選》㉔《八方風雲性情世界》㉕《古晟的誕生》㉖《把腳印典藏在雲端》㉗《從魯迅文學醫人魂救國魂說起》㉘《60後詩雜記詩集》。

**陸、現代詩（詩人、詩社）研究**

(67)《政治學方法論概說》(68)《西洋政治思想概述》(69)《中國全民民主統一會北京行》(70)《尋找理想國：中國式民主政治研究要綱》。

**拾參、中國命運、喚醒國魂**

(71)《大浩劫後：日本311天譴說》、《日本問題的終極處理》(72)《台大逸仙學會》。

**拾肆、地方誌、地區研究**

(73)《台北公館台大地區考古・導覽》(74)《台中開發史》(75)《台北的前世今生》(76)《台北公館地區開發史》。

**拾伍、其他**

(77)《英文單字研究》(78)《與君賞玩天地寬》（別人評論）(79)《非常傳銷學》(80)《新領導與管理實務》。

我這樣的分類並非很確定，如《謝雪紅訪講錄》，是人物誌，但也是政治，更是歷史，說的更白，是兩岸永恆不變又難分難解的「本質性」問題。

以上這些作品大約可以概括在「中國學」範圍，如我在每本書扉頁所述，以「生長在台灣的中國人為榮」，以創作、鑽研「中國學」，貢獻所能和所學為自我實現的途徑，以宣揚中國春秋大義、中華文化和促進中國和平統一為今生志業，直到生命結束。我這樣的人生，似乎滿懷「文天祥、岳飛式的血性」。

抗戰時期，胡宗南將軍曾主持陸軍官校第七分校（在王曲），校中有兩幅對聯，一是「升官發財請走別路、貪生怕死莫入此門」，二是「鐵肩擔主義、血手寫文章」。前聯原在廣州黃埔，後聯乃胡將軍胸懷，「鐵肩擔主義」我沒機會，但「血手寫文章」的

「血性」俱在我各類著作詩文中。

人生無常，我到六十三歲之年，以對自己人生進行「總清算」的心態出版這套書。

回首前塵，我的人生大致分成兩個「生死」階段，第一個階段是「理想走向毀滅」，年齡從十五歲進軍校到四十三歲，離開野戰部隊前往台灣大學任職中校教官。第二個階段是「毀滅到救贖」，四十三歲以後的寫作人生。

「理想到毀滅」，我的人生全面瓦解、變質，險些遭到軍法審判，就算軍法不判我，我也幾乎要「自我毀滅」；而「毀滅到救贖」是到台大才得到的「新生命」，我積極寫作是從台大開始的，我常說「台大是我啟蒙的道場」有原因的。均可見《五十不惑》、《迷航記》等書。

我從年青立志要當一個「偉大的軍人」，為國家復興、統一做出貢獻，為中華民族的繁榮綿延盡個人最大之力，卻才起步就「死」在起跑點上，這是個人的悲劇和不智，正好也給讀者一個警示。人生絕不能在起跑點就走入「死巷」，切記！切記！讀者以我為鑒！在軍人以外的文學、史政有這套書的出版，也算是對國家民族社會有點貢獻，對自己的人生有了交待，這致少也算「起死回生」了！

順要一說的，我全部的著作都放棄個人著作權，成為兩岸中國人的共同文化財，而台北的文史哲出版有優先使用權和發行權。

這套書能順利出版，最大的功臣是我老友，文史哲出版社負責人彭正雄先生和他的夥伴們。彭先生對中華文化的傳播，對兩岸文化交流都有崇高的使命感，向他和夥伴致上最高謝意。

台北公館蟾蜍山萬盛草堂主人　陳福成　誌於二〇一四年
五月榮獲第五十五屆中國文藝獎章文學創作獎前夕

# 第四波戰爭開山鼻祖賓拉登
## ——及戰爭之常變研究要綱

目　次

# 序：老賓走了！談談戰爭！

賓拉登走了！他已完成「天命」，把聖戰升高到一個「圖騰化」的新境界，創造了「第四波戰爭」新典範，他夠了！

如同岳飛被囚於天牢「待死」、如同文天祥困於土牢等死，又如同先總統蔣公病躺於台北榮總，賓拉登困居自宅，天命都完成後！再無任何作用、功能可發揮，活著，是多餘的！

當他們的人生天命都完成了，生死其實是一件小小的事，輕如鴻毛，這是身為聖賢、英雄豪傑，對生命應有的體認。

在台灣因受政治左右，人民幾乎失去獨立的判斷力，整個社會看不清有一個明淨的未來，成為一個「集體白痴的社會」，這實在是台灣社會的悲哀。而悲哀的源頭就在台獨，使台灣社會「毒化」！

在賓拉登這個「問題」上，也是完全沒有判斷力的跟著「美式價值」走，老美說「誰是混蛋！」台灣人也跟著說……有誰從阿拉伯世界、從伊斯蘭教的立場，說一句公道話，說半句良心話？

台灣媒體也跟著美國走，報導都寫著賓拉登被「擊斃、獵殺」，是「元兇」，台灣人的思想、意識都給美國人綁架了！有誰知道賓拉登也是伊斯蘭世界的英雄！

本書站在阿拉伯世界的立場，為那些弱勢國家講話，給賓拉登應有的定位——在台灣。

# 第一章 復興電台對話錄：談談「九一一事件」

本篇是民國九十三年九月間，我在復興廣播電台接受記者鍾寧小姐主持的「兩岸下午茶」節目訪談，對話的實錄，當時就從賓拉登談起……

**一、陳老師，今天開始我們要在「兩岸下午茶」節目中，漫談《中國歷代戰爭新詮》，是否先談談這個主題的意義，特別是「戰爭」，什麼是戰爭？「九一一事件」是戰爭嗎？**

這是一個範圍很廣的主題，我們常說一部人類生存發展史，便是一部戰爭史，可見「戰爭」在人類發展過程中多麼重要，但每個時代的「戰爭觀」差異又很大。所以戰爭也是一個很複雜的問題。

「九一一事件」不僅是戰爭，而且是新戰爭型態。純從戰爭方法的角度觀之，賓拉登（Osama Bin Laden）和蓋達組織（Al Qaeda）確實創造了新的戰爭型態，建立戰爭新「典範」，把人類的戰爭型態推向「第四波」，這慢慢再說。

先說《中國歷代戰爭新詮》，這個主題有「中國歷代」、「戰爭」和「新詮」三個主要概念，也是三個重要的限制。

首先談到「中國歷代」，這是一個重要的設限，但因中國地大物博，歷代又有分合，領土變界也很大，例如元朝統治地區遠達今伊朗、伊拉克、俄羅斯等地區，那些戰爭算不算？所以「中國歷代」戰爭包含：㈠在中國領土上發生的戰爭；㈡是中國人打的戰爭；㈢中國人在中國的屬國上（如朝鮮、安南等）發生的戰爭；㈣中國人援助友邦的戰爭（如韓戰）。

「歷代」指中國由古至今，每一個朝代，勿論分合，其各個政權或國家（如五胡十六國）都包含在內。

在這裡對「戰爭」、「戰役」或「會戰」，不做嚴謹的界定，畢竟那是專業軍人及戰史學術研究才須要的工夫。對一般人而言，只要理解都是某一階段的武裝衝突已足。

其次是「戰爭」，這是一個比較複雜且不易說清楚講明白的概念。因為涉及戰爭「觀」，一種觀念或看法，各時代、學派、學者差異很大，後面再詳說。

最後是「新詮」，這表示陳老師對「中國歷代戰爭」的詮釋，不同於往昔或當代各家，一言以蔽之，中國歷代戰爭只為「統一」一事，別無大事。

**二、這麼說我們所談的主題，還是以「戰爭」最為複雜，那麼我們就得花些時間，先把「何謂戰爭」說明白講清楚，讓大家對「戰爭」有初步的認識。**

好，從傳統的戰爭觀，認為戰爭是兩個國家依國際法規則所進行的武力鬥爭，其目的在實現國策或擊敗對方。仔細分析此種戰爭觀，有以下數點深值深意。

第一、此種戰爭發生於國家和國家之間。

第二、是兩國武裝部隊的事，不應禍及平民百姓。

第三、以擊數對方為目的，實現本國國策為目標。

第四、依國際法或一定的國際間規則行之。（註一）

這是十九世紀及以前數千年間的戰爭觀，是對戰爭最傳統的看法。若深究之，也可以發現這種戰爭觀也有許多「灰色地帶」，不清不楚，讓想要發動戰爭者有「混水摸魚」

的空間，依序評述上四項。

第一、即是「國與國」之間才算戰爭，則美國南北戰爭，中國近代內戰及歷史上許多政府軍和叛軍（不論革命或造反）之間，都不算戰爭了。這裡發生了理論不能解釋現象，理論也和經驗脫節的問題。就算是國與國之間，也有宗主國、屬國、保護國、政府、政權、組織等差異，均不能合理解釋。

第二、「兩國武裝部隊鬥爭，不涉平民。」此為保護平民百姓，立意甚佳。但是「自古以來許多戰爭都是兩國傾其全國戰力投入，平民百姓其實是戰爭的背後支持者，軍人只是「代表」人民，依循民意上戰場打仗。所以，要交戰國雙方人民不涉入戰爭，或不參與，是不可能的。

第三、為達成目的，實現目標，勢必運用一定的方法或手段。而其過程是否合法？是否合乎倫理？則已無人可以顧及，也沒有任何公平勢力可以裁決。

第四、所謂依國際法進行，還是陷入「國與國」的阱中，且國際法也沒有最後統裁力量。歷史上的戰爭，通常超強權才是最後的統裁者，而不是國際法規之類的東西。

以上是十九世紀以前的戰爭觀和戰爭定義，可見是語意不清。而且，國際法不禁止戰爭，也有鼓勵戰爭之嫌。進入二十世紀，因武器殺傷力過強，戰爭規模日越強大，才開始立法限制戰爭或阻止戰爭。

## 三、戰爭縱使不能避免，也須要限制。否則，國際叢林或人類社會任其弱肉強食，想必戰爭將無限制增加，人們將永無寧日。

人類一進入二十世紀，一九〇七年的海牙和平會議，有一個「白里安條約」（Bryan Treaties）及不久後的國際聯盟（The League of Nations, 1920-1946），都設法限制戰爭，或規定會員國在某些情況下不得從事戰爭。對戰犯、戰俘、戰罪與戰爭行為，開始有比較合理的立法規定，至少這是以比較積極的態度，規範戰爭或限制戰爭。

國際聯盟原始本意規定，凡違約發動戰爭之國家，即應受國際聯盟制裁，可惜組織不健全，製裁力不足。成立之初，美國未加入，日本、德國、義大利而又先後退盟，且侵略別國而國際聯盟又無力制裁，一九四六年終於「結束營業」。

廿世紀初葉的兩次世界大戰，軍民死亡總數約五千餘萬（其中中國人約二千萬），人類似乎有些覺悟了，成立「聯合國」（The United Nations, UN），對限制與防止戰爭有更積極的規定，例如憲章條文：

第二條：各會員國必須以和平方法解決國際爭端，避免危及國際和平、安全與正義，禁止用與聯合國宗旨不合的任何方法，侵略任何國家；同時，未加入聯合國之國家也應遵守這些義務。

遇有使用武力威脅或破壞和平，或侵略行為發生時，安全理事會即可採取集體安全行動加以制裁（第七章）。

聯合國運作至今半個世紀，戰爭似乎沒有減少，深究其原因可能有如下幾點：

第一、仍以主權國家為規範主體。

第二、自衛戰爭是天賦權利。

第三、「何謂侵略行為？」會員國亦無共識。

第四、聯合國判定「非法行為」，會員國仍發動戰爭，如美國在二〇〇三年對伊拉克戰爭（非法的侵略行為），聯合國亦無力制裁美國。

不管怎麼說，二十世紀的一百年，人類對戰爭行為學習到二件算是可貴的共識，㈠有限戰爭（Limited war）；㈡避免核戰（Nuclear war），這是廿世紀重大收獲。對有限戰爭的戰爭觀，我認為是最正確的態度，人類接受戰爭是歷史發展中的「常態」現象，即是「常態」則不可能消失，只是在發生時要給予「控管」，使其在一定限度內發生並結束。

雖可把戰爭視為人類社會發展的常態，卻絕不能視為「當然」或「應該」，否則各方發動戰爭，都認為當然或應該，則「何謂侵略？」將永無共識。由此觀之，目前的聯合國憲章也還有很多問題。諸如：

第一、非主權國家，如庫德族、車臣等面臨戰爭（勿論主動或被動），如何規範？

第二、聯合國無力阻止強權的侵略行為（指聯合國判定為非法的戰爭行為如美國第二次打伊拉克）。

第三、自衛戰爭是天賦權利，僅止於會員國（主權國家），亦不合「天賦」之意。

凡此，都說明人類到廿世紀，不僅不能消弭戰爭，無法阻止戰爭，也無力處理各族群面臨的戰爭。從聯合國成立（一九四五年）至今，全球亦戰爭未斷就是明證，只好再期待廿一世紀，看人類能否全面消弭戰爭！

**四、前面所談是人類到廿世紀為止的戰爭觀，及面對戰爭的處理方法，都還沒有找到避戰良方。只好把期望放在廿一世紀，但大家知道一進入廿一世紀便發生「九一一事件」，陳老師說是新戰爭型態的出現，請進一步解釋。**

「九一一」確實是一場戰爭，而且我在前面已經把它定位成「第四波戰爭型態」，賓拉登和蓋達組織創造了新的戰爭方法和觀念，建立新的戰爭「典範」。理由如下：

第一、推翻以往戰爭是主權國家的專利，賓拉登非國家領導人，蓋達也不是國家。

第二、開創以一個人（賓拉登）對付一個超級強權（美國）的戰爭，而且打贏，真是空前絕後。

第三、打破美國建國兩百多年來，美國人自信全世界沒有任何勢力可以入侵美國本土，並造成傷害的「神話」。

第四、蓋達組織是人類社會發展至今最神奇的組織，它沒有「地方」（找不到），沒有人（找不到），沒有政府（看不到），沒有結構（不知道），目前處於「不存在」狀態，而力量正在漫延、壯大。

第五、它是有史以來，唯一可以合乎孫子兵法上「形人而我無形」的標準，蓋達目前仍處於「無形」狀態。

第六、推翻攻守須有一定比例戰力的戰爭法則，傳統戰爭規則認為攻勢一方的兵力應為守勢的五倍，即守勢有一萬兵力，發動攻勢者最少要有五萬兵力。參與「九一一事件」的蓋達成員（指親自上戰場），才不過十多人。

第七、開創以最低成本（約四十多萬美金），造成敵方（美國）數千億，乃至更多美元的損失，外加大約四千人命，破除戰爭要「錢、錢、錢」的傳統打「錢」觀。

第八、「絕對弱勢」對「絕對強勢」的戰爭，今後只要「複製」九一一事件，便能達成所欲之戰爭目標。一個東西可以複製，就是典範，今後這世界上就沒有了永不受攻擊的「絕對強者」只有相對強者。

第九、賓拉登與蓋達組織目前處於「冬眠」狀態，進行新人甄補，且化整為零成許多小組織。其有形的形體雖存在，依然保持「無形、隱形、處處有分身」。而賓拉登和蓋達則轉換成回教世界的信仰「圖騰」，繼續對美國帝國主義及西方霸權鬥爭。目前的新策略是用信仰和意識型態鬥垮美國，因此，後頭還有好戲。

第十、推翻以往不傷平民百姓的戰爭規則，「九一一」不僅造成數千平民死亡，而且把死亡恐懼漫佈在所有美國人身上，就戰爭所欲達成的目的或目標，可謂非常成功的。

因以上十點理由，可見「九一一」戰爭改變了戰爭型態（包含史觀、方法、觀念等），九一一戰爭和人類以往千百年來的戰爭沒有相同者，這是「新品種」。所以，九一一不可只當成一個「事件」，也不是「準戰爭」，而是實實在在的戰爭，是「不對稱戰」的最高境界。定位第四波戰爭，當之無愧。

原本希望廿一世紀人類可以解決或消弭戰爭，現在一開始就創造了戰爭「新品種」。

所以，更複雜、更大型、更殘酷的戰爭，唯一可以樂觀的，廿一世紀還有很長的未來，我們更多的時間和腦力可以用來思考消弭戰爭的方法。

## 五、陳老師，前面已經概略談到《中國歷代戰爭新詮》、戰爭史觀演進和第四波戰爭型態。那麼，我們也有必要了解一下第一、二、三波戰爭是什麼？讓大家對戰爭發展史有全盤的初步認識。

戰爭史觀的演進有各種分析法，按各個世紀是一種觀察，「未來學」夫妻艾文・托佛勒和海蒂・托佛勒（Alvin and Heidi Toffler），在他們的名著「第三波」和「新戰爭論」中，把戰爭發展史分成一、二、三波。

第一波戰爭，是指農業時代的戰爭，時間大約從人類結束游牧進入農耕，到工業革命（十七世紀晚葉），約有將近一萬年時間。農業時代會孕育戰爭有三個原因，其一是農耕須要在固定的地方，可以儲存、累積各種力量（特別是生產力及各種經濟力）。力量大到一定程度（人口、財富等）足以發動戰爭，掠奪更多財貨以壯大自己。其二是當人財大到一定程度，便須要組織、管理，國家組織於焉形成。其三國家組織形成後，從事戰爭成為國家的天職，為防衛或擴張都須要戰爭。故商鞅說：「國之所以興者，農、戰也。」第一波戰爭使用刀、矛等武器，戰爭規模不大，殺傷力也有一定限度。由這個發展史觀之，戰爭之發生或形成，根本是人性使然，一種自然現象。

第二波戰爭，因工業革命後的現代化運動而啟動。所謂「工業革命」，是人類開始用蒸汽、電力進行工業化，所有產品在工廠內一貫作業，大量生產，取代了農業時代的手工業，這個過程也常被視為「現代化運動」。軍事上的武器裝備如飛機、大砲、戰車、船艦、槍彈等便從大兵工廠的生產線不斷產生。

而從事戰爭的人（軍人），也在各生產線上（各軍事學校）快速「製造」與訓練出來，如潮水般大批湧現上戰場。軍人不夠，民兵也上戰場，再不夠便全國皆兵，這便是十八世紀以來流行的無限戰爭，兩次世界大戰才因而死了好幾千萬人，就是無限戰爭觀「大量毀滅」的結果。

一九七〇到八〇年代間，科技、資訊、社會型態等發達與轉變，第二波開始沒落，到一九九〇年波灣戰爭，是第二波戰爭時代的結束，前後約有三百多年。

第三波戰爭從一九九〇年八月二日，伊拉克總統海珊揮軍佔領科威特開始，一九九一年一月十七日美軍率聯軍進攻巴格達，史稱「第一次波灣戰爭」。這場戰爭正是一個新戰爭型態，正式進入第三波戰爭型態，也是第三波戰爭的「典範」。這個典範的特質就是「拿電腦的兵比拿槍的兵多」。總結檢討第一次波灣戰爭，伊拉克的軍隊只是一部「機器」，屬第二波戰爭時代產物，一部龐大粗拙的機器。而聯軍是一個系統，具備內建回饋和自我調整的功能，實際上是許多次級系統，這就是第三波科技與文明。

第四波戰爭來的如此意外和快速，當人們還在慶祝千禧年的公元二〇〇〇年九月，「九一一」爆發，新的戰爭型態宣告「研發創造」完成。

從第一波到第二波約有萬年之久，第二波到第三波僅三百多年，第三波到第四波剩十年。「波矩」越來越短，表示人類創造發明欲望旺盛，想要開創更新、更多元、更詭異的新戰爭型態。

第五波戰爭型態會怎樣？何時會發生……

## 六、陳老師戰爭觀、戰爭型態的發展講得很清楚，另外講《中國歷代戰爭新詮》的目的、動機為何？有哪些戰爭要講也概略提示一下。

關於《中國歷代戰爭新詮》要先在電台宣講，我是以向大眾「佈道」的心情來講解，並經由對話使內容更生活化。談到目的或動機，此二者綜合起來說，應該可以簡化或以下幾點：

第一、知國家興亡之道理。一場戰爭往往決定國家安全和興亡，如薩爾滸一敗，明朝岌岌可危；甲午戰敗，清廷割台。其中自有興亡之道，不經「新詮」，不能彰顯其理，不足以警示生生世世的炎黃子孫。

第二、知英雄豪傑競逐權力戰場之動機。自黃帝戰蚩尤……劉邦戰項羽、孔明北伐、鄭成功北伐等，除權力與利益爭奪外，還有什麼？不由「新詮」難知真相。

第三、知敗數成功之原因。中外歷史上的戰爭，定有勝敗，任何戰爭極少打成「平手」，縱使武力戰平手，甚延伸領域（政治等）也定有得失，非「新詮」不足以知其多方面成功與失敗的原因。

第四、知帶兵、練兵、用兵的智慧。古來兵法家、軍事家及各級軍事指揮官，雖滿腹兵學知識，苦無實戰驗證，又不能刻意發動戰爭。深研歷代戰史，可得許多實戰經驗教訓和智慧。

第五、知主動開啟戰端者的動機。許多戰爭的爆發只知近因不知遠因，知軍事緣由不知有歷史背後的黑手。例如，日本近四百多年來不斷侵略中國，大家只知「田中奏摺」，鮮有人知早在豐臣秀吉時代策訂統一「日中朝」的大陸政策，所以侵略中國是日本人的歷史使命，也是天職，是生生世世日本鬼子的「政治信仰」，炎黃子孫有幾人知道這個

「秘密」。

第六、知「驗證理論和建立理論」的全程。在驗證理論方面，是對兵學家或軍事家所提出之理論（學說），經戰爭經驗實證其正確性或可行性；建立理論方面，戰爭活動再多也止於一種經驗，許多經驗可以歸納出理論（戰爭原則、兵學論述）。

小結以上六項，《中國歷代戰爭新詮》的基本史觀，是大一統戰爭史觀，中國歷代戰爭，自黃帝以降，中國地盤之上只能有一個最高的統治者，所謂「天無二日，地無二王」是也，這便是一個完整統一的基本規格。這也是中國人生生世世的政治思想信仰。但歷史上不免出現割據、分裂、只是當處於分裂分治局面時，便要持續發動一波波的統一戰爭，直到中國重新回到統一狀態。為什麼各自獨立的分裂分治狀態不能長治久安？為什麼一定要發動統一戰爭？不發動統一戰爭可不可以？是什麼動力使統一之戰一定會爆發？

原來，中國政治思想最緊要的，是歷代思想家（如孟子定於一）的大一統理論，「大一統」是中國人千秋萬世的信仰，是理論，也是定律，歷代戰爭不斷印證這個定律。「大一統」成為中國人永恆的「神咒」，不破，不滅。

在大一統定律之下，「偏安」都是非法的，而有能力完成統一，卻不謀求統一，也會受到歷史譴責。因此統獨雙方都有莫大的壓力，統一之戰仍不得不爆發。

《中國歷代戰爭新詮》要講哪些戰爭？五千年間戰爭（會戰、戰役）真是不計其數，我以「重大、決定性、改變歷史」三個標準做選擇。另外，對我國歷史除分代，也參考國內外重要思想家（黃仁宇、薩孟武、蕭公權）的觀點，加以分期，整體結構如次：

第一篇 結論：為《中國歷代戰爭新詮》拉開戰幕

第二篇 上古至先秦時期戰爭：

涿鹿之戰、湯放桀、武王伐紂、宋楚泓之戰、晉楚城濮之戰與邲之戰、鄢陵之戰、「弭兵之會」、吳楚大戰（以上是春秋）。六國抗秦、伊闕之戰、白起伐郢城、秦攻大梁、華陽會戰、長平會戰、秦滅六國（以上戰國）。

第三篇 第一帝國時期戰爭

統一之戰、北逐匈奴、征南越、鉅鹿之戰、滎陽會戰、垓下會戰、漢匈上谷之戰、漢匈大戰四十年、劉秀復國、竇憲征匈奴、赤壁之戰、桓溫伐秦及伐燕、淝水之戰、南北戰爭、周伐齊、隋伐陳。

第四篇 第二帝國時期戰爭

隋征高麗、唐太宗征高麗、滅東突厥、唐征薛延陀和回紇、唐征西突厥、征吐蕃、安史之亂、契丹滅後唐、周世宗征南唐。宋遼之戰、宋夏百年戰爭、宋金、宋蒙之戰。

第五篇　世界大帝國興亡史：元朝與蒙古帝國

滅西夏、滅金、滅宋、滅花剌子模、孩兒桑會戰、滅俄羅斯、阿富汗及呼拉商、平定裡海和黑海地區、征波蘭和匈牙利、里格尼志會戰、賽育河會戰、征木拉夷、圍攻巴格達（滅伊拉克）、四大汗國與帖木兒帝國興亡。

第六篇　轉型到衰落時期的帝國戰爭

漢族復興之戰、明軍北征、燕王篡位及北征、明成祖征蒙古、鄭和下西洋、中日朝鮮七年戰爭、鄭成功反清復明與收回台灣。薩爾滸之戰、澎湖海戰、俄國侵華、鴉片戰爭、太平天國之戰、甲午戰爭、黃海海戰、台灣義軍抗日、八國聯軍、日俄戰爭、國民革命。

第七篇　結論：戰幕，暫時落下

註一：所謂的「國際法」（International Law），在史上有不同稱謂，十六世紀以前稱「自然法」(Natural Law)，一六二五年荷蘭法學家葛老秀斯(Hugo Grotins, 1588-1645)稱「萬民法」（Jus Gentium）。一七八○年英國哲學家邊沁（Jeremy Bentham,

1748-1832）開始稱「國際法」，是法學、政治領域內重要的概念。稱「自然法」時，指自然秩序、宇宙理性、演化或生長的法則，是一種普遍理性或普遍性法則。古羅馬斯多亞學派（Roman Stoicism）的思想家中，以奴隸思想家愛匹克迪泰斯（Epictetus, 約 50-120），倡導奴隸制度違反自然法應序廢除，對後世自然法演進貢獻很大。

葛老秀斯的名著《戰時與平時法》（De June Belli acpacisum），確立國際交往與戰爭原則，為各國所接受，現代國際法遂告誕生。目前國際法的內涵大致是：

㈠國際社會各成員公認的法律原則，而不是由一個權力高於國家的團體所制定的。

㈡國際法的範圍是國際關係的全部，包括平時、戰時與中立時期國際法人之間權利與義務關係。

㈢國際間公認「必須」遵守的規則，學者以為「應該」遵守的規則不是國際法的範圍。

關於國際法的主體，向來在自然人與國家間爭論，晚近以來已包括完全主權國家、部份主權國家、國際組織、自然人等。若以上述標準評量，目前世上並沒有可以通行各國而能普遍適用的國際法，「九一一事件」後更是沒有了。

註二：在國家發展過程中可以得一公式：統獨問題等於和平與戰爭問題，或統一等於和平安全。證於古今中外歷史皆然。一九五九年五月十一日，英國外相洛依得（Lloyd）、法國外長莫維里（Couve de Murville）、美國國務卿赫特（Heerter）及俄國外長葛羅米柯（Gromyko）等，在日內瓦召開外長會議（一九五五年已先開高層會議），主旨就是歐洲安全與德國統一。西方三國認「德國不統一，歐洲無和平安全」，當時雙方立場懸殊，會議自然無結果，但歷史發展得到充份證明。在亞洲亦然，中國不統一，亞洲無和平安全，甚至世界亦無和平安全可言。但今之超強美國，卻未盡力促進中國之統一，反而成為分裂中國的幫兇，企圖使中國永久分裂，實在居心不良。

# 第二章 「第四波戰爭」開山鼻祖——賓拉登

人類的戰爭形態史，經過第一、二、三波的演化，到了賓拉登……

## 壹、戰爭形態簡史：第一波到第四波——兼述第一代到第四代現代戰爭

人類文明、文化發展史，正是一部戰爭形態演化史，戰史也反應每個時代的生活和當時人們的工作方式。當人類社會進化到農業時代，也同時是「戰爭的誕生」。這表示人類在開啟農業革命之前，那更久遠的原始、狩獵的部落社會，是「沒有戰爭」的。但沒有戰爭也不表示更和平，也許更不和平，因為原始部落存在永無休止的敵

意，不斷輪迴的報復殺戮、擄掠婦女、爭奪地盤，這是「暴力」而不是「戰爭」。

所以，有沒有戰爭？是不是戰爭？有時不從「現象面」看發生的事，而是從「本質面」看如何界定「戰爭」！很奇妙吧！所謂的「第四波戰爭」或「第四代戰爭」，都和人類社會發展及如何定義戰爭有關。

## 戰爭：「第一波」到「第四波」

當人類大約在一萬年前，農業社會開始形成之初，社會和政治制度逐漸發明，「戰爭」也同時出現，此後一萬年間，到工業革命止，史學家和戰爭研究學家稱「第一波戰爭」時代。農業之能打開戰爭之序幕，啟動戰爭「遊戲」的動力，理由有三：社會總體生產有餘並能積累成經濟力量，足以支持發動一場戰爭，此其一；其次經濟力量又啟動人們（尤其統治階層）壯大發展的企圖心；其三是國家、社會發展得以加速。

此三者相加，便提供了第一波戰爭所要的條件和內涵。商鞅說：「國之所以興者，農、戰也。」「使民力農事，務戰鬥，則國富疆矣」。而在西方社會發展也類同，羅馬、希臘時代，戰爭也和農業季節息息相關。

第一波戰爭是農業時代的戰爭，其戰爭規模、武器裝備均如同務農，「肌肉力量」

就是戰力，槍、劍、斧、予、弓、弩砲，至火藥的有限運用，都靠人力搏鬥進行白刃戰，決定戰爭最後的勝敗！但工業革命改變了這一切！

工業革命開啟第二波戰爭的序幕，到一九九一年波斯灣戰爭，時程將近四百年。第二波戰爭的特質是「工業化戰爭」，一切的一切都講求「大」。全國各式各樣的大工廠林立，大量製造、大量生產，大量的「兵」由各個大型兵營基地上快速「生產、製造」出來，因為國家為戰爭須要，必須大量兵員。而擔任指揮、管理的軍官，則在各國軍事院校中，也是「大量、快速、統一規格」的製造出來。

在一戰、二戰中，投入戰場的兵力、飛機、戰車、戰艦、武器、彈藥……都是十萬、百萬、千萬計……要有多少工廠、工程師、技師在後方負責生產製造……結果是全國皆兵……國家、社會變成一部「戰爭機器」，國家掌控了一切。

死亡總量也是超大，大規模轟炸，大量毀滅、大殲滅戰，一場戰役死傷幾十萬、上百萬，一顆原子彈幾萬人瞬間不見了！兵法家、戰略家、戰場指揮官的信條都是「殲滅敵有生戰力」，即一切「有生」就是戰力，就要殲滅！

直到冷戰時期，追求大量毀滅理論和核武終極解決，仍是美蘇兩強及其他次強的國家戰略指導。到一九七○年代末及一九八○年代初，第三波科技、構想、社會型態慢慢的出現了，開始聞到「第三波」的味道。

第三波戰爭仍由國家掌控著。但戰爭思想，戰爭指導和準備，大體仍不離古來中外兵學家所構建之軍事理論，各國建軍備戰中的戰爭原則仍受到重視，惟戰爭型態有了開創性的改變。而開創這個第三波戰爭「典範」，正是一九九一年元月十七日美軍開幹的波斯灣戰爭，或提前到一九九〇年八月二日海珊入侵科威特。

這場戰爭之能終結第二波，成為第三波典範。《新戰爭論》作者 Alvin and Heidi Toffler 形容「拿電腦的兵比拿槍的兵多」。到底這場戰爭的開創性作為何在?才是使其成為典範的原因。

△知識、資訊的流動成為「無形的殲滅要素」。

△減少傷亡的分眾化摧毀主宰戰場。

△「尾巴」空前的長，有戰場不在戰場上。

△創新就是戰力，軍方和民間經由網路連結。

△軍隊規模更小，火力更強，功能更多更大。

△軍隊組織不斷進化，$C^3I \rightarrow C^4I$。現在 $C^{\chi}I \rightarrow C^{\chi}I$。

△軍隊、戰場、國防部到總統，有完整的系統整合。

△國家基礎建設的配合，從衛星到網路的神經系統。

△速度與時間的控制，從空戰到陸戰因速度而取勝。

媒體都報導美軍五十萬投入戰場，而事實上二十到三十萬做的是後勤支援，屬「尾巴」工作。這條尾巴還包含在美國本土的電腦程式設計師，有人根本從頭到尾都「宅」在家中的電腦桌上，邊喝著咖啡邊打著波灣戰事。所以，這場第三波戰爭最後僅僅由第一線的二千名士兵打贏的。

反觀海珊陣營的軍隊，其組織、管理、指揮、乃至武器、裝備之運用，仍是第二波時代的產物，這仗怎打的下去？海珊的「愚、笨」不止於此，他明明只是大叢林中的一隻比較兇的「野兔」，何必遭惹大野狼！只能說人笨的時候就會自尋死路吧！搞不清叢林狀況！

歷史只會往前走，不會走回頭路，第三波戰爭時代才走了十年，第四波戰爭典範就急著面市，開創者是賓拉登，他把第一、二、三波的戰爭原則、方法、戰具，全都推翻了，全面創新，第四波時代來臨了！

第四波戰爭，沒有國家、政府，沒有軍隊或民兵，沒有武器裝備製造廠，沒有自己的存在，沒有軍事院校！「四大皆空」了！來無影，去無蹤，用對手的資源，只要幾個人，便能達成戰爭目的！

## 現代戰爭：「第一代」到「第四代」

把賓拉登領導蓋達組織進行的戰爭形態稱「第四代戰爭」，源自畢業於達特茅期學院，曾任美國「自由國會基金會文化保守主義中心」（Center for Cultural Conservatism of the Free Congress Foundation）主任 William S. Lind。此處的介紹引自黃文啟譯「瞭解第四代戰爭」（Understanding Fourth Generation War）（William S. Lind 原作），刊「國防譯粹」（National Defense Digest）第卅二卷第七期（民94年7月）。

現代戰爭的四個世代起於一六四八年「三十年戰爭」（Thirty Years' War）結束時，所簽訂之「西發里亞條約」（Peace of Westphalia），該約確立國家為戰爭唯一的主體，各國軍隊除了與別國軍隊作戰外，沒有其他戰爭方式，仍從第一代說起。

**第一代現代戰爭**（First Generation of Modern War），是「行列式戰術」（Line-and Column tactics）的戰爭，這種形式存在於一六四八年至一八六〇年間，特質是正式的會戰和有序的戰場，突顯軍人的階級制度、制服、禮儀等嚴謹之特色。進入十九世紀中葉，因大編制軍隊、後膛裝填步槍及機槍的出現，逐漸式微、瓦解。

**第二代現代戰爭**是法國軍隊於第一次世界大戰期間至戰後，所發展出來的消耗戰，以消耗敵軍戰力為目的，步、戰、砲戰力的集中統合運用，指揮官有如交響樂團的指揮。「第二代戰爭」概念置重點於內在考量，服從的重要性高於主動積極。事實上，主動積極可能危及統合作戰作為，故不鼓勵，紀律必須由上而下嚴格貫徹。

**第三代現代戰爭**也是第一次世界大戰產物，卻由德軍發展出來，一般稱「閃擊戰」（Blitzkrieg）或「機動戰」（Maneurer Warfare）。「第三代戰爭」主要概念已非火力和消耗戰，而是速度、奇襲與打破敵人心理和實體的平衡；此種戰爭形態的核心思維是「迂迴與擊潰」而非「近接與摧毀」。攻勢力求深入敵後行顛倒正面攻擊，守勢則誘敵深入，加以拘束殲滅。

「第三代戰爭」也改變了軍事文化，不求內在的程序和過程，而在外在的戰況，敵軍及所望戰果。德軍的兵棋推演常碰到打破命令才能解決的問題，德軍作戰命令僅具體說明所望戰果，絕不律定執行方法，重主動積極而非服從性。

**第四代現代戰爭是**「西發里亞條約」以來最大一次變化，除賓拉登創下「九一一典範」外，其餘基地組織如哈馬斯（Hamas）、回教真主黨（Hezbolla）等，等於推翻了「西發里亞條約」的核心思維，使國家喪失了對戰爭的獨佔權。確實，像「蓋達」這樣的組織，即不是國家，也不是軍隊，各國正規軍反而處於劣處，包含美國在內，至今尚未找到好辦法可以應付第四代戰爭。

## 貳、「九一一」溯源追因：歷史與開創

歷史是過去的，屬於已經「掛掉」的時間，過去了！不論昨天或一萬年前，都一樣是過去的。但過去不表示沒有影響力，中國歷史上有很多人，如孔明、關公……生前影響力拘限於一隅，死後以其英靈影響整個神州大地，乃至為未來下「指導棋」！

很多人把歷史當破鞋，這就像把黃金當糞土用一樣，他將失去開創的智慧。拿破崙名言說：「余之戰略素養是得之於反覆研讀亞歷山大帝、漢尼拔、凱撒、古斯托夫、菲特烈大帝等八十四個戰役的歷史所瞭解的用兵真理。」（註：該五人即西方五大名將，亦稱五大戰略家）。中外各國戰略家也一致體認「研究戰史，領悟戰爭藝術，是成為名將的不二法門。」

一九九一年波斯灣戰爭，美軍指揮官史瓦茲可夫（Schwarzkopf），對於這場勝仗曾

自詡其戰略指導，領悟自漢尼拔（Hannibal Barca, 247BC-183BC，北非迦太基Carthage人）的坎尼（Cannae）會戰。

每一個能成為一代名將者，能開創一種典範，必然不是僅僅在「遵守歷史法則」，而在從歷史的領悟智慧，開創新局，創造新典範，五大名將如是，拿破崙如是，史瓦茲可夫亦如是；否則，他們就會和我一樣，上校退休，領一點退休金過過日子，苟活於海島亂世！

我研究賓拉登，發現他對歷史很有領悟，他思索「基督和阿拉千年決戰」，不要再拖太久，伊斯蘭復興何時有望?英美資本主義如何的可怕?如何才能打垮地球上最邪惡的西方強權?該是領悟歷史。進而「推翻」歷史，開創新局，建構新典範的時候了。這是「九一一」!這是「第四波戰爭」新典範!

名將也罷!像賓拉登這樣的絕世英雄也罷!通常對歷史要有很深的認識，對本民族之歷史、文化、宗教，要有超乎尋常的愛，才能有偉大的開創，賓拉登是這樣的人。

賓拉登（賓拉登只是他的姓，全名很長應作Usamah bin Mohammad bin Awad bin Laden），父親Mohammad bin Laden，是沙烏地阿拉伯王國的王室親戚。所以他是嘴裡含著金湯匙出生的，有關他的身世、背景、「九一一事件」經過，均在事件後這十年各國有很多研究，不再重述。僅從「阿拉伯世界的眼睛」簡要溯源追出造成九一一事件的原因，及他夠格稱「第四波戰爭」開山鼻祖之理由。

任何事的因通常不會是單一的，尤其像阿拉伯世界和英美強權更是複雜。僅就賓拉登創建蓋達組織，轟轟烈烈的幹下「九一一戰爭」，可以視同整個阿拉伯世界多數人的期待，這位老賓幫大家完成。

**第一、兩個神的決戰，而人打「代理戰爭」**。把「九一一」追到最深最遠的原因，就是基督和阿拉兩位神祇的「千年決戰」，是一種「先天的戰爭」。為何是先天？因為回教和基督教（含天主教，在西方都稱基督教界），在宗教學上叫「一神教」，其教義基本理論即「一神論」。

稱「一神教」或「一神論」，最根本的教義思想是「我的神是宇宙間唯一的真神，其他不是，當然就是假的，或者根本是邪魔歪道，即是假神或邪魔，那就要消滅——除非信徒改信我的神。」這是這兩種宗教信徒的基本邏輯思維，所以基督和阿拉玩的「零和遊戲」，有如台灣島民玩的「統獨遊戲」，都是二選一的「是非題」，非對即錯不能選別的。

「一神教」的零和遊戲更可怕，是「生死遊戲」，基督和阿拉都有「吃下對方」的天命。問題是誰先發動「吃下對方」的戰爭？或誰先結下「梁子」，從歷史看是代表西方陣營的基督世界先結下梁子（見下項：十字軍東征。代理戰爭也就打不完了，再一千年也打不完！

**第二、十字軍東征的續戰**。有些歷史學家把「九一一」源頭追到基督徒啟動的十字軍東征，西元十一世紀末，歐洲教會最高統治者羅馬天主教會，企圖建立「世界教會」，讓整個世界「基督化」，把目光指向地中海東岸的伊斯蘭信仰的各國。

一〇九五年，在法國南部克勒芒宗教會議上，教皇烏爾班二世號召基督徒東征，指稱：「穆斯林佔領了我們基督徒的聖地（耶路撒冷），我代表上帝下令，號召你們，把那邪惡的種族從我們土地上消滅乾淨！」凡參加的人軍服上繡「十」字，一生所犯的罪將得到赦免，史稱「十字軍東征」。

十字軍東侵共歷時約兩百年，發動過十一次。基督大軍所到之處，大肆掠奪、屠殺，無數城鎮被洗劫，乃至大屠殺，伊斯蘭史也是血淚成河成海。但伊斯蘭文化某一部份似同中國的儒家，他們不願報復，當回教徒最後又光復了城池，並未對基督徒展開大屠殺，電影「王者天下」就是演伊斯蘭這段「以德報怨」情節。但「以德報怨」通常只是統治者的「政治籌碼」，普遍的下層乃至中階層以下未必接受，這種「國仇家恨」在西方民族可以代代相傳，百年千年而不忘，民怨乃藏於整個民族的潛意識中。以阿深仇也是史例，都是千年積累的恨，子子孫孫絕不會忘記，除非有一方從地球上消失。

這種情形在中國完全另一種思維，歷史上種族或政權衝突的屠殺一樣不少，但中國人似主張「一笑眠怨仇」。滿清入關屠殺多少無辜生命！幾代或不到百年內，早被人們忘光光！

但基督徒組成的十字軍或許屠殺太多伊斯蘭子民，這筆債在回教世界子民生生世世的心中，凝結成一種民族主義，他們要復興（復興常與復仇並存）！是故，自二十世紀以來，阿拉伯各國有各式各樣的「組織」出現，他們的終極目標要使「英美恐怖國家從地球上消失，尤其美國，更是頭號敵人！」所以，到底誰是恐怖主義者？最初的「肇事者」是教皇烏爾班二世，他人死了快一千年了，回教世界子民的恨永不死！

**第三、英美強權以「民主」之名對回教世界進行和平與武力雙重控制**。英美強權以「民主、人權」為包裝，對回教世界進行「和平演變」，企圖把「美式民主」推向回教各國及全世界，和平演變不成就以武力侵略，目的都是控制市場和石油，有一點戰略素養的人就看的清清楚楚。

尤以冷戰到後冷戰時代，美國的唯我獨尊意識達到頂點，許多大國家都恨的「牙癢癢的」，何況弱勢的回教各國，「九一一」等於賓拉登為回教各國出一口氣。

二戰後的反美情緒，又加上以色列在巴勒斯坦建國，激起回教巴勒斯坦人的反對，而爆發四次中東大戰，數十年來沒完沒了（因為美國和以色列尚未從地球消失）。伊斯蘭世界認為，反猶反美是同一個陣線，也就是說，以色列和美國都是伊斯蘭的頭號敵人。

伊斯蘭世界各國雖痛恨美國，卻也可奈何！全球的伊斯蘭信徒有十五億七千萬人，比基督世界多很多，無奈都是弱國，只好任由美國控制。「九一一」後美國乘勢把戰力再擴張，名義是反恐，真實是為探制石油利益，這是美國的「生命線」。美國自產原油根本不敷所需，以二〇一〇年為準，每天進口原油高達九百十六萬三千桶，再乘以每桶五十三加侖，這是多大的消費量。（註：美國人口三億約全球總人口二十三分之一，但消耗全球三分之一資源，是全球最浪費的國家，牠能不貪婪的掌控阿拉伯各國的石油嗎？）

美國是地球有史以來最貪婪且「高明」的帝國強權，人性化最成功的「邪魔」，但表面看牠是「自由、民主、人權」的國度。不信，可回顧人類以往的侵略戰史。

以往的帝國主義者，把船堅砲利開來，大軍壓境，佔領你，統治你，說明白講清楚就是要殖民你，你不得已只好乖乖聽說。「美帝」高明多了，只用「民主、人權」，就吃下了全世界，絕大多數國家都是「不知不覺、無知無覺」的成為美國的「附庸」，只有極少數有種的或大國有能力抗拒「美式民主」的侵略。

**第四、極盡醜化阿拉伯各國之能事：伊朗何梅尼革命建立「伊斯蘭式民主政治」典範史例**。在整個阿拉伯各國中，被美國為首的西方強權醜化成「魔鬼」，與事實真相完全相反了，是伊朗何梅尼革命建立「伊斯蘭式民主政治」，在世界史的地位如同法國大革命一樣重要。但全球（阿拉伯各國除外）幾乎無意或不得已向美國一面倒，把伊朗「妖魔化」了！

第一次世界大戰後，波斯（一九三五年改名伊朗）由巴勒維王朝（Pahlari dynasty）取代卡嘉王朝（Qajar dynasty），但因巴勒維王朝以絕對專制和秘密警察治國，加上貧富差距日越拉大。終於在一九七八年由烏立瑪（即宗教意見領袖），何梅尼（Ruhollah Musari Khomeini）領導推翻巴勒維王朝，建立伊斯蘭教史上第一個以烏立瑪為政治主體的共和國。

何梅尼主導的伊朗政治體制，是伊斯蘭世界有史以來第一個在合乎教義基礎上，接受多黨民主政治和三權分立。此後，黎巴嫩、蘇丹、巴勒斯坦、阿富汗等伊斯蘭國家都受到影響，何梅尼的革命如同伊斯蘭世界的「法國大革命」，這是「伊斯蘭式民主政治」。

這種不同於西方或「美式民主」的三權分立，是政府／國會、監護委員會及最高精神領袖（Grand Ayatollah）三者間的分權，監護委員會扮演最高法院的角色，而最高精神領袖則以其宗教權威任一般西方國家中的國會。

但終究不同於「美式」，美國以其掌控全球的支配力量，把伊朗及其精神領袖極盡可能的「妖魔化」。激起整個伊斯蘭世界的仇美情緒，打倒「大撒旦」美國是共同目標，各個國家不敢有所行動，各式「基地、組織」起而開幹，賓拉登是最具開創力、行動力的一位，難怪他成為阿拉伯世界的英雄！

為何說賓拉登是最有開創力的一位？因為用「國家」對付當代第一超強的美國，是第二、三波戰爭時代的思維，行不通且沒有成功機會。故必須超越國家之外，用一種如幻影般的「組織」對付美國，這便是「九一一」，第四波戰爭的思維，這是他的春秋大業，他在伊斯蘭教史上的歷史定位，由「九一一」抵定，這就夠了！但這是他對自己的民族需要多立「偉大的愛」，蓋達所有組織成員才願意做這麼大的犧牲。

反之，被九一一攻擊而死的幾千人，看似無辜、不公平，確也未必；萬事萬物必有一個「合理」的因，只看這因要追到多遠、多深。至少現在，一個現代最高明而邪惡的「美國帝國主義」是他們所支持、擁有，不是嗎？

## 參、賓拉登的「蓋達」與第四波戰爭

美國人聞之喪膽的「al Qaeda」，世界各地的中文稱謂有「蓋達」、「凱達」、「開打」、「基地」、「組織」、「軍事據點」、「蓋達組織」等多種譯法，本文統稱「蓋達」，其領導人就是賓拉登。

在美國布希政權時代，積極搜捕的三大對象是賓拉登、蓋達第二號人物札瓦里希（Ayman al-Zawahiri）、伊拉克「一神論聖戰團」領導人札卡維（Abu Musab al-Zargawi），他們是美國人心中的「三大首惡」，確是伊斯蘭世界三大英雄，這世界很詭。

「一神論聖戰團」（Jamaat al Tawhee Wa al Jihad），阿拉伯文字意是「神的唯一性與聖戰」，就是指伊斯蘭教屬「一神教」。但這個團體已在二〇〇五年間，改名「兩河間土地的軍事據點」（Tandheem al Qaeda fi Bilad al Rafidain; al Qaeda Organization in the Land of the Two Rivers）。

為何要提「一神論聖戰團」？因為所有伊斯蘭各類「基地」，神的唯一性是大家的「最大公約數」。儘管他們有很多派系，如什葉派、遜尼派，巴勒斯坦亦有法塔兩大派系，但提到「神的唯一性」，便是大家都「一國的」。所以說伊斯蘭世界各國與基督世界的西方強權，根本就是兩個神的決戰，而人打「代理戰爭」（見「九一一」溯源追因一文）。

這場「代理戰爭」，從第一波時代打到第二波、第三波，這千年大決戰。（註：穆罕默德 **Muhammad** 於西元六二二年因麥加貴族迫害，率信徒遷到麥地那，此年為伊斯蘭曆的「聖遷元年」。又經十年對猶太教和基督教的爭戰，伊斯蘭教才在阿拉伯半島取得統治權。）這場戰爭等於打了一千四百多年了，還要打下去！因為終極目標「消滅美國、消滅以色列」尚未完成，阿拉子民必然「革命尚未成功、戰士仍須努力」。

未來還有第五波、第六波……戰爭，那是以後的事。本文先論賓拉登開創「第四波戰爭」（九一一典範），其主要有那些內涵。

**第一、推翻以主權國為戰爭主體**。這得從兩方面看，一者阿拉伯世界各國，可能早已體認以國家之名和美國開戰，絕無可能取勝且可能自取滅亡，代價太大了，所以表面上應付美國，暗中透過「基地」組織打擊美國。這雖僅是推論，沒有國家會承認這樣幹的，但二〇〇二年八月美國智庫蘭德公司（RAND）指出，沙烏地阿拉伯也是邪惡軸心國家，因沙國也支助「基地」組織，眾所週知沙國是美國在中東地區主要盟邦，最堅強的盟友都這樣幹，其他伊斯蘭各國可想而知了。

另一項證明是「九一一」後，美國佈下天羅地網為何找不到賓拉登，因為所有伊斯蘭各國暗中護著。換言之，伊斯蘭各國以「主權國」身份應付美國，但都企圖以「非國家」（基地）形態，打垮美國。

所謂「主權國是戰爭唯一主體」，事實上自第一、二、三波戰史觀察，大致是如此，多數戰爭是國與國之間開打的，一六四八年的「西發里亞條約」（Peace of Westphalia），不過是進一步在法律上加以限制，這段時間正好工業革命後的第二波戰爭時代。

當第三波戰爭才走過十年，沒想到賓拉登就以「九一一」這件神奇的戰爭經典作品，成為「第四波戰爭開山鼻祖」。不管叫「第四波戰爭」或「第四代戰爭」（詳見戰爭形態簡史一文），他都是開山鼻祖。

**第二、非國家的組織形態：賓拉登與蓋達**。這種非國家的戰爭形態，有五個重要的核心內涵，一者無國家狀態體系，即不以主權國家為活動單位，而是隱形的秘密活動，就算達成當次戰爭目的，也不公開其組織或「兵力」等；二者是實際上也沒有所謂「兵力」，因無正式軍隊的戰鬥序列，完全分散行動，以小組或個人為戰鬥單位。

三者沒有自行組建的「火力」（戰機、大砲、戰艦等），凡此需要均「取用於敵」

（如以敵方客機為武器）；四者無固定戰場，選擇敵方無防衛力量而脆弱的致命要處，給予奇襲突擊的毀滅性攻擊，以產生全面性的威嚇效果，五者不分敵國之軍民，因其國家、軍隊亦該國人民所支持，故軍民不分，都是「基地」攻擊對象，如此其戰爭「效果」才能擴大。

蓋達組織到底有多大規模？組織架構如何？外界從未有確實的情報訊息可肯定解說。但按各方面研究推測，全球約有三千到五千名戰士，主要分佈在阿爾及利亞、埃及、摩洛哥、土耳其、約旦、塔吉克斯坦、敘利亞、阿富汗，乃至美國本土。「九一一」後，美國動員全球力量圍剿的結果，到二〇〇四年間，可能只剩一千名戰士。

二〇一一年五月一日午夜（美國時間，歐巴馬公開宣佈，美軍在一日於巴基斯坦境內擊斃賓拉登，歐巴馬宣稱「美國和蓋達始終處於戰爭狀態」，顯然美國也違反「西發里亞條約」蓋達不是國家，不能成為戰爭主體。

但重要的是賓拉登走了，他完成了「天命」。「後賓拉登時代」來了！他的接班人能否超越，創造「第五波戰爭時代」，還是只能守成？

**第三、打破美國「地球上沒有任何力量可以入侵本土」的神話。**美國建國以來，深得地緣戰略之利，其東有大西洋，西以太平洋，得天然掩護，南北均鄰弱國，在過去的兩百多年中，確實沒有敵人可以入侵其本土。二戰時「珍珠港事件」距本土也尚有數百公里，故美國人誇口「沒有任何勢力能打到美國本土」，這是有根據的，也見美國人的自大狂敖！

「九一一」不僅入侵了美國本土，打倒了象徵美國繁榮的核心地帶（紐約雙子星、五角大廈），把美國人的內心恐懼帶到頂點。戰爭史上沒有任一場戰爭，可以瞬間使一個超級強權舉國喪膽，賓拉登打破了「美國神話」，改變美國人的心態，必然改變外交政策。

**第四、打破第一、二、三波戰爭原則**。戰爭有許多原則（見對「常與變」戰爭理念之體認），這些原則是古今中外名將、兵學家所建立，從事戰爭指導之各級人員所必須遵守。例如國軍部隊的「戰爭十大原則」：

1. 目標原則與重點
2. 主動原則與彈性
3. 攻勢原則與準備
4. 組織原則與職責
5. 統一原則與合作
6. 集中原則與節約
7. 機動原則與速度
8. 奇襲原則與欺敵
9. 安全原則與情報
10. 士氣原則與紀律

研究賓拉登領導蓋達組織，外界雖難知其全部真相，但就從已執行過的案例、外界已知者，現代戰爭原則大多已被推翻。前述十大原則中，1.4.5.6.9.更是明顯的不合，應是賓拉登加以創新，才有「第四波戰爭」。

戰爭的攻守也有一定比例，通常攻勢一方須有守勢的五倍兵力，例如守勢一方有二萬兵力，攻勢一方要有十萬軍才能發動。但賓拉登投入「九一一戰役」，只有十九位阿拉的戰士（烈士），得到「不成比例」的輝煌戰果。

**第五、有史以來成本最低、幾無軍費的戰爭**。在人類戰爭史上，第一、二、三波戰爭有一共同特色，就是花費龐大，故只有國家承擔得起。拿破崙說：「戰爭三大要素，第一是錢，第二也是錢，第三還是錢。」美國的軍費每年大約是地球上其他十大國軍費的總和，因為有很多戰爭要打，可見沒錢是不能打仗的。

在「九一一」之前，蓋達組織每年活動經費約美金三千萬元，這些錢大多是來自「慈善捐款」，很意外吧！另據美國調查，「九一一」之攻擊，賓拉登使用的「戰費」是四十萬到五十萬美金之間，其中三十萬花在美國本土，連「戰具、武器」（劫持的四架客機），都就地取材，正是我國孫子說的「取用於敵」！

當然，在「兵力」的運用上，賓拉登在「九一一」一役共投入十九位戰士，他們視死如歸，人類最高貴的情操，莫此為甚！他們的生命是無價的，他們是捍衛阿拉（Allah）的自由戰士。他們會在伊斯蘭歷史上，成為他們民族後世子子孫孫的「民族英雄」！

**第六、聖戰「圖騰化」「神格化」**。聖戰主義（Jihadism），是伊斯蘭世界發展出「以弱擊強」，要求徹底反制西方強權對伊斯蘭各國的入侵和控制，形成的全球性運動。所以，全球要無數類似「基地組織」的團體，賓拉登領導的蓋達是最頂尖、最厲害的一個。

聖戰（Jihad）的宗旨是建立伊斯蘭政治共同體（Umma），但依古典看法，聖戰是伊斯蘭當局（如哈里發或大君）才能夠執行。像賓拉登以非國家的「個人行為」，當成建立伊斯蘭政治共同體的作法，在伊斯蘭歷史上也是史無前例，他是創新者。

「九一一」後，蓋達的有形實體被削弱很多，至二〇一一年美國人殺了賓拉登。但蓋達已變成一個信仰的「圖勝」，賓拉登雖死，在伊斯蘭世界他已「神格化」，結果此種無形的力量，不須建軍備戰，不須籌集軍費，乃至不須要基地。「後賓拉登時代」，可能是美國人更頭痛的時代。

「九一一」之成為第四波戰爭形態之典範，是因為推翻了第一、二、三波戰爭時代之諸多戰爭原則，把「戰爭遊戲」帶上另一個境界。更重要的，凝聚了伊斯蘭世界的共同願景，伊斯蘭復興有望。當然，伊斯蘭各國面對超強美帝，仍須應付應付！

從國際政治這個大格局來看，若冷戰時期是美蘇兩強的對峙年代，那麼後冷戰時期是國家和解的年代，而「九一一」標誌出後冷戰時代的「終結點」，改變了美國的全球戰略，為追求絕對安全（Absolute Security），朝向先制攻擊（Preemptive Strike）的戰略準則。

總結美伊（美國和伊斯蘭聖戰）的戰略思維，美軍仍屬「第三波戰爭」而聖戰組織已進化到「第四波戰爭」，未來誰能「吃」下誰？（註）

註：戰爭形態雖分第一、二、三、四波，但並非第二波戰法「必然」贏第一波，第三波也不必然打贏第二波。越戰是另一個「典範性」戰爭，當年美軍投入第二波素質的大軍五十萬在越南戰場，但北越軍隊很落伍，很多仍是第一波的「弓箭部隊」，結果美軍敗歸，越南完成統一。

以往世人被「美式價值」洗腦，稱「越南淪亡」，事實上應正名為「越南統一」才對。若現在美軍仍駐越南（如南韓），則今天越南仍是「分裂中國家」（如南北韓），諸君以為然否！

# 第三章　戰爭原理與走樣

戰爭要打贏，要認識戰爭的「常」與「變」之基本原理，但現代戰爭是否變的太離譜，變的走樣了！戰爭可以走樣嗎？

## 壹、對「戰爭與和平」理念之體認

### 前　言

由於人類具有競爭發展之慾望，亦有求生存之本能，加上有各種利益之爭，及因地域種族文化不同造成的偏見，戰爭在人類歷史上始終近似連續，或循環的發生。戰爭亦為多數人所深惡痛絕，傷亡破壞更是永遠存在的惡夢，和平乃成為人們所追求，而永久和平更是最高的目標。如何達到這個目標？用戰爭手段？或用和平手段？深值吾輩智者思考，蓋「兵者，國之大事，死生之地，存亡之道，不可不察也。」

## 戰爭之意義與功能

大凡一種連續存在或在歷史上各階段經常出現之事物，必有其存在之意義及功能，此處所指之意義與功能，是指當時的時空環境裡，可能具備相當程度的正面價值。此種正面價值若未被多數人所肯定，便很難動員大量人力物力來參與。戰爭便是，試論如後：

### （一）進步與昇華

中外思想家對戰爭讚美，對和平非議之最者，首推黑格爾（Georg Wilhelm Friedrich Hegel, 1770-1831）。他認為戰爭足以達成絕對自由，是達到完美的過程，一個民族之不肯冒「死」者終亦不能偷「生」。他對和平亦有微詞，「和平過久則人人只知自私自利，除生命財產外將不知其他之寶貴。」黑格爾之歌頌戰爭，因能使國家與國民產生進步與昇華。觀察世界近代歷史，許多新國家之建立，邁向現代化之過程中均曾透過戰爭之運用。在思想之爭方面，各類型的傳統主義（如獨裁、專制、帝國及共產主義等）均曾被戰爭摧毀；自由主義及人道、民族或三民主義才有傳播之機會。

## （二）統一與分裂

中國在戰國時代由很多國家經由不斷紛戰，形成戰國七雄局面，最後決戰結果由秦統一中國。此為經戰爭導至政治統一之典型，所以國父孫中山先生才說：「中國自秦漢以來便是一個統一的國家。」在近代如美國獨立戰爭，及殖民地欲脫離其母國，均以戰爭達成。在人類建立國家之過程中，似不斷循環運用，所以，在政治學上「國家」便是武力之產物，沒有經過戰爭洗禮，國家無從誕生。未經戰爭（或以武力展示其決心），國家統一無由達成。

## （三）民主與專制

無可置疑地，民主（任何形式民主）己是當代政治思想的主流，最為多數人所認同的政治制度，與生活方式。這是自一八四八年馬克斯與恩格斯發表共產主義宣言以來，民主與共產之事長達百餘年，經過若干戰爭流血，民主成為一種共識。目前世界上出現三種民主模式：西方民主政治、中國式民主政治、伊斯蘭民主政治。假如戰爭之運用過於頻繁，則民主與法治亦可能遭受破壞，且不斷戰爭必然招致獨裁，此為政治家、軍事家在運用戰事之同時，所必須的理性思考。

惟全世界有眾多國家和民族，各種異文化不下千百種，政治制度亦不能用所謂「民主、專制」的二分法加以切割，若不能相互尊重，也必然帶來更多戰爭。

是故，所謂「民主政治」並非將「美式民主」，推廣到全世界，而是尊重各民族的民主制度。例如伊斯蘭、中國、……各有不同形態的民主制度。

## （四）經濟利益之考量

古來國家之所以發動戰事，經濟利益有極大之因素，在十七世紀以後的各殖民地母國都為取得原料、建立產品之市場與銷售管道，不惜一戰。更多使人迷惑的因素，如戰事有助提昇國家工業水準，解決失業問題，到底此種價值多少，深值吾人警惕。

本段所述，戰爭是否有這些意義或功能，應屬極大的迷思（Myth）性問題，不過孫子的「慎戰」原理可提供我們一個較為正確之思考方向。

英美資本主義國家，向來以劫取全球經濟利益為目標，企圖對阿拉伯世界進行「和平演變」，控制石油市場，入侵阿富汗、伊拉克；弱勢一方（伊斯蘭）只好採取恐怖攻擊，戰爭便永遠打不完。

## 以不戰手段達到和平

畢竟和平是人們所希望，永久和平雖仍不可得，暫時和平也是可貴的。以「不戰」手段達到臨時和平，是目前國際上各國所常採用的手段。所謂「不戰」，並非放棄所有國防武力，不做任何防衛禦敵之準備：

### （一）權力均衡

依每一國家的軍備與軍事潛力加以估計，使各主要大國與各小國之間取得一種均衡，是「權力均衡」一詞的含義。就靜態意義言之，是各獨立政府保持和平共存的一種情況；就動態意義言之，是各獨立政府為保持這種情況所採取的政策。近代如一九二二年華盛頓軍備會議曾對英國、美國、日本、法國、義大利等五個海權國家軍力，做了如下的對比決議：五比五比三比一・七五比一・七五。

在中古時代（十五、十六兩個世紀）的義大利各邦及我國春秋戰國時代，也曾是企圖保持權力均衡。但此種構想極易遭受破壞而失衡，舉凡獨裁專制的軍事天才出現、攻擊性的軍事武器問世、政治或宗教意識型態過度狂熱等因素，都使均衡情況不能維持，和平成為短暫。

### （二）恐怖均勢

特指第二次世界大戰後的民主與共產對峙過程中。以美蘇為首的核武競爭雙方都承認其恐懼心，一旦動用毀滅性武器奇襲對方，也難逃對方用地下或海面下的核武報復。於是開始戰略武器限制談判，簽訂核子禁試條約，雙方為了避免核武的天生危險，保持「最低限度的嚇阻力」，此即恐怖均勢，或恐怖和平。

直到一九九〇年代，共產主義式微，蘇聯解體後，美蘇的恐怖均勢告一段落。此其間除「古巴危機」外，至少保持雙方均勢，使民主與共產兩大陣營沒有發生全面性戰爭，人類可免於遭受核武毀滅的劫難，這不能說不是恐怖均勢的功能。

### （三）中立主義

通常各小國或弱國保持中立狀況，乃為其國家之存在及安全，他們相信遭到攻擊時，其強大的鄰國會伸出援手，以免遭到戰爭的蹂躪。中立國是否須要建立其國防武力？答案是肯定的。其軍事力量必須足可保衛國家本身安全及其邊疆之穩定，否則其不戰的希望可能破滅。如一八一五年的瑞士、一八三九年的比利時都是鮮明的例子。

以上所舉都要靠保持武力以達到「不戰」目的，一九四九年以後的臺海局勢是另一種型態的「恐怖均勢」，中共在有形武力方面比我強大是不爭的事實，惟其武力犯臺始終未付諸行動。一方面是我保持強大戰力，足以抵抗入侵，另一方面中共若武力犯臺，必然在軍事與政治上付出慘痛代價，利弊分析結果只好保持「恐怖均勢」。中外戰史證明，想要「不戰而屈人之兵」，只有保持強大戰力一途。

但兩岸的戰爭狀態已經結束，目前為完成國家統一，國軍和共軍要如何合作，防止台獨，相信是廿一世紀之顯學。

## 永久和平的追求

此處所謂「永久」，很難肯定其時間有多長久，但是很值得追求的目標，縱使目標尚未達成，其中間過渡性的組織，當然也算是人們在永久和平道路上，所做出的重大努力。概述如下：

## （一）國際組織架構之安排

例如使一個國家加入國際性或地域性聯盟，以獲得集體安全之保證，此在當代之國際社會甚為流行。如北大西洋公約、華沙公約、聯合國等。有時一個國家同時加入數個國際性或區域性組織，可以產生重疊會籍（Overlapping Membership）作用，對於達到較長久的和平效果均大。假如此類型的政治或軍事組織，其運作能得到各方支持，則對地區和平安定得以發展，對邁向永久和平的功能更大。

## （二）普遍宣揚「地球村」理念

由於交通、資訊的發展，人類科技不斷突破時空上的限制，居住於地球上各區域、各種族的人們，溝通交流已極方便。例如非洲某地區有飢荒，地球上各角落的人們便能迅速透過衛星傳播，給與愛心與必要支援。

再者如「環保理念」已能有世界性的共識。凡此對各國相互了解，減少戰爭，達到永久和平有很大功能。

### (三) 正確認識「世界大同」的眞諦

許多人認為必須所有國家都實行相同的政治制度，甚至限制在相同的思想或意識型態之下，才稱「世界大同」，這是很大的錯誤。如果能從民主理念來思考，「大的原則同」，容忍「小處的不同」，相信對世界大同會更有信心。

例如：目前世界大致有以下幾種主要的文化型態，英美資本主義（基督教界）、阿拉伯（伊斯蘭教）、非洲（部落信仰）、中國（儒、佛、道、回等信仰）及印度、拉丁美洲等。各種文化及宗教背景，當然有不同的政治制度，不同的制度只是「小異」，而人民能過好日子，各民族都平等有尊嚴，大家都美滿，這便是「大同」了。是故，就此而論，英美強權一直要把「英美式民主」，推向全世界，這是霸權而非民主。

## 結論

本論文研究戰爭之意義、和平之追求等問題，試擬以下四點為對「戰爭與和平」戰爭理念之體認

一、雖然軍人事業在戰場，沒有戰爭便失去最重要的舞台，但相信全世界軍人仍不

願見到戰火焚燒，希望世界永久和平。孫子兵法的「慎戰」原理是我們對「戰爭與和平」的最高指導原則，蓋「兵者，國之大事，死生之地，存亡之道，不可不察也。」亦如先總統蔣公說「對於異族，抵抗其武力，而不施以武力。」又說：「和平未到絕望時期，決不放棄和平；犧牲未到最後關頭，決不輕言犧牲。」中華民族天性重視自衛，反對侵略。

二、凡戰爭要能得到真正之和平，決定戰爭應以「非危不戰」為前提，且戰爭「貴勝不貴久」，並修其功而勿陷於「費留」。

三、戰爭所導至進步與昇華，只是一種「副作用」，不是正常的功能。但國家為抵抗外來侵略（如八年抗戰），為助友邦之義戰（抗美援朝），都是必須一戰，才有和平與尊嚴。戰爭亦能促進國家統一與民主，那畢竟也是下策。例如兩德統一，建立其民主政體亦未透過戰爭手套，未來中國之統一，雖不能完全套用「德國模式」，至少是很有參考價值的。

四、軍人最大的職責是維護和平與追求和平，防止戰爭的發生，是故，軍人也要理解民主政治的基本理念，支持政治家用政治方法解決問題，反對用武力解決爭端，此亦對和平之最大貢獻。（本文原刊：陸軍學術月刊，八十三年元月十六日，三十卷。民國一百年再修訂。）

## 參考書目

一、戰爭之研究，上下冊，三軍大學印，七十一年五月。
二、蕭公權著，中國政治思想史，上冊，聯經出版公司，七十一年版。
三、徐瑜編撰，孫子兵法，時報文化出版公司，七十六年元月十五日，初版。
四、張其昀主編，蔣總統集，三版，國防研究院暨中華大典編印會印，五十七年三月。
五、呂亞力著，政治學方法論，三版，三民書局，七十四年九月。

# 貳、對「常與變」戰爭理念的詮釋

## 前言

「常與變」是戰爭哲學，乃至戰爭科學或戰爭藝術中所經常討論的範疇；所謂「常」，是指變動性少而能形成某種原則或理論者而言，如現代戰爭中武力與國民必須結合，國防與民生必須合一，是現代國家建立武力之「常」規；所謂「變」，則是指戰爭之創機應災，出奇制勝，「戰勝不復」上「九天」，下「九地」，而敵人不可知，由此贏得戰爭勝利，達到和平。

## 一、戰爭之常何在？

約米尼（Antoine Henri Jomini, 1779-1869）曾說：「我有資格大膽宣布，憑著二十餘年的經驗，使我深信戰爭確有若干基本原則，若是違反了就一定會發生危險；換而言之，若能善加運用，則幾乎一定可能獲致成功。（註一）

此種基本原則，在我國孫子兵法中有明顯的律定。按現代軍事概念把戰略區分為四個層次：即大戰略、國家戰略、軍事戰略及野戰戰略。（註二）孫子建立的戰略原則如下：

### （一）大戰略

在建立並運用同盟力量，爭取同盟目標。

謀攻篇：「上兵伐謀，其次伐交。」

軍事篇：「不知諸侯之謀者，不能豫交。」

九地篇：「不爭天下之交，不養天下之權，信己之私，威加於敵，故其城可拔，其國可毀。」

九變篇：「屈諸侯者以害，役諸侯者以業，趨諸侯者以利。」

大戰略之原則，在對國際形勢的全盤考慮、設計、部署，蓋國際間各國常因利而合，因害而分，故趨利避害是大戰略部署的主要原則。

## (二) 國家戰略原則

在建立並運用國力，爭取國家目標，此與大戰略銜接，兩者互為表裡，如始計篇內五事中的「道、將、法」三者，便是國力培養之要則；「道者：令民與上同意。」使國民有共同一致之理念；「將者，智、信、仁、勇、嚴。」，是培養將校的標準；「法者，曲制、官道、主用。」，是國家建立，武力所不可少的兵制。

作戰篇：「國之貧於師者遠輸，遠輸則百姓貧，近於師者貴賣，貴賣則百姓財竭……百姓之費，十去其七，公家之費，破車罷馬。」，蓋國家戰略之運用，包含政治、經濟、心理等諸多要素，運用不當，將導致社會失序，通貨膨脹、供需失調，生產力降低、人口大量移動，終至國家淪亡。

### (三) 軍事戰略原則

建立並運用三軍之軍事力量，以爭取軍事目標，如軍形篇中：「兵法云：一曰度、二曰量、三曰數、四曰稱、五曰勝；地生度，度生量，量生數，數生稱，稱生勝。」，此為軍事戰略計畫的五個要素，度是狀況判斷，量是持續戰力的大小，數是敵我相對有形力的數量，稱是敵我相對精神力和物質力的比較，綜合比較前四項，便可先「勝」。在現代軍事戰略之作業程序上，我國的指參作業與歐美等國雖有細部不同，但此項原則仍為各國軍事戰略原則所認同。

如兵勢篇中：「兵之所加，如以碫投卵者，虛實是也。」，乃指集中絕對優勢兵力，指向敵之弱點，此為古今戰爭之常道。

### (四) 野戰戰略原則

運用野戰兵力，爭取戰役、會戰或作戰目標，而支持軍事戰略，在孫子兵法中對野戰戰略講得最多，幾乎佔全書一半，而又以地形講的最多。他在「軍爭」、「九變」、「行軍」、「地形」、「九地」篇中分別將「山、水、澤、陸、澗、井、牢、羅、陷、隙、道、掛、支、隘、險、遠、散、輕、爭、交、衢、重、圮、圍、死」等廿五種地形，分別詳述，可見其非常重視地形之利用。地形可輔助兵力不足，亦可使戰力不能發揮。

此外，「兵之情主速，乘人之不及，由不虞之道，攻其所不戒也。」，是機動原則；「知戰之地，知戰之日，則可千里而會戰。」是對外線作戰原則的提示；「使敵人前後不相及，眾寡不相恃，貴賤不相救，上下不相收，卒雜而不集，兵合而不齊。」，是內線作戰原則。

以上所舉是孫子兵法在戰略各階層中所建立的原則，再更簡約言之，孫子的戰爭原理有四：慎戰、先知、先勝、主動。而慎戰是不經易開戰，先知是戰前知己知彼，先勝是不戰而勝，或戰而速勝，主動是致人而不致於人。這便是戰事之「常」自孫子以來兩千多年，東西方的戰爭「常規」變易不大。

## 二、國軍與共軍戰爭「常規」（原則）之比較

中共於民國三十六年十二月在其黨中央報告中，提出「軍事十大原則，據以指導其軍事作戰（註三），韓戰時期其人海戰術深受聯軍火海之重創，後為適應現代戰爭之要求，加上韓戰的實戰實證，及數十年之作戰經驗，於民國六十三年元月經「中共中央軍

委會」正式發布，稱「新十大軍事原則」（註三）。

表一所列，第1條是古今作戰之常規，不變之法則。第3、5、6條是優勢作為與殲滅主義；第2、7、9條是提示機動作戰，第4條乃精神戰力之發揮，第8條是先勝之條件，第10條乃指戰俘轉化為己用。

**表一：中共「新十大軍事原則」**

| 項次 | 內容 |
| --- | --- |
| 1. | 保存自己，消滅敵人」為一切戰役戰術總方術。 |
| 2. | 敵強我弱打游擊戰，條件有利打運動戰。 |
| 3. | 殲滅敵有生力量為主，不以奪城奪地為目標。 |
| 4. | 部隊要有一往無前，連續作戰的精神。 |
| 5. | 集中優勢兵力，各個殲滅敵人。 |
| 6. | 傷其十指不如斷其一指，力求全殲，不做漏網。 |
| 7. | 快打速戰，以便迅速轉移兵力，殲滅其他敵人。 |
| 8. | 不打沒把握的仗，不輕易打，打則必勝。 |
| 9. | 先打弱小孤立之敵，後打堅強集中之敵。 |
| 10. | 優待俘虜，瓦解敵人。 |

**表二：中共與我戰爭原則比較表**

| 項次 | 我戰爭十大原則 | 中共戰爭十大原則 |
|---|---|---|
| 1. | 目標原則與重點 | 目標：主在殲滅敵人有生力量 |
| 2. | 主動原則與彈性 | 主動：迫敵追隨己方意志 |
| 3. | 攻勢原則與準備 | 攻勢：殲敵主要手段，以求全殲 |
| 4. | 組織原則與職責 | 殲滅：逐次殲滅或小型殲滅 |
| 5. | 統一原則與合作 | 協同：兵軍種協同一致 |
| 6. | 集中原則與節約 | 集中：形成局部優勢，企圖決戰 |
| 7. | 機體原則與速度 | 變化：戰術靈活，行動自由 |
| 8. | 奇襲原則與欺敵 | 奇襲：秘密神速，出敵不意而決戰 |
| 9. | 安全原則與情報 | 速戰：不休息接連打幾個戰 |
| 10. | 士氣原則與紀律 | 士氣：戰爭勝負決定性因素 |

本表指共軍之軍事原則，而在戰爭原則上，並無明顯具體之敘述，依其軍事原則與戰略戰術思想之運用，研判共軍十項戰爭原則，並與我戰爭十大原則比較，如表二（註三），比較二者，除第4、7、9項不同外，餘皆相同。我為「組織、機動、安全」，共軍為「殲滅、變化、連戰」。本論文所研究戰爭之「常」中，自孫子的戰略原則與戰爭四個原理，到中共戰爭十項原則與我戰爭十大原則，詳加研判觀察，在軍事戰略和野

戰戰略之層面上可謂概同，這也證明了戰爭之「常」即戰爭原則是可以建立的。最大之不同，在「慎戰」思想。孫子認為「兵者，國之大事，死生之地，存亡之道，不可不察也。」所以要慎戰。因為「亡國不可以復存，死者不可以復生」，所以要慎戰。因為伐兵攻城都將造成「殺士卒三分之一，而城不拔者。」所以要「上兵伐謀，其次伐交」，達「不戰而屈人之兵」的意境。這是以「仁道」思想為出發點，以愛惜民命為考量所建立的戰爭哲學。「慎戰」可謂孫子兵法的第一原理。

## 三、戰爭之變因何在？

「變」是常的相對概念，從變的概念來觀察戰爭，便足以推翻一切戰爭原則。到底變因何在？吾人試從時間、空間、量變、性質及其他因素來加以探討。

### （一）時間因素

孟子早有一治一亂之說，吾人觀察中國近二千多年的治亂循環，此誠為卓見。（註五）他又有五百年為一治亂循環之史實觀察，「五百年必有王者者興，其間必有名世者。」（註五），孟子明言一治一亂，為一整齊固定之週期運動，言下之意戰爭乃固定在某一週期內會發生，此雖未全合歷史事實，應視為重大之警惕。學者研究西洋戰史，發現約每五十年爆發一次大戰，其原因是兩代之演進不同而造成，勇士們討厭戰事，促使他們的兒子反對戰爭，而他們的孫子所受的教育是戰爭富有浪漫氣氛。（註四）此種預測雖不能證明五十年內肯定有一大型戰爭要發生，但至少說明了時間使人成長，也使人老；使一個民族或國家發展，也使她衰老。老了須要新生，這個過程的變數極多。

### （二）空間因素

就空間區域來觀察，人種複雜的地方易有戰爭，如中東地區。各大國地理位置接合地點，亦是會戰集中地方，如德、法交界處的亞爾薩斯——洛林（Alsace-Lorrain）地帶、奧、俄及土耳其三國交界的北巴爾幹。新國家誕生處，如十九、二十世紀的亞、非中南美洲等地區，更是戰禍連年。空間複雜，使戰爭變因增加。

### （三）量變因素

量變之趨向，是朝向多元與增加，包含兵力、火力、武器、裝備及一切可供戰爭運用之物質。在十九世紀未期，世界八大強國軍隊數量平均為五十萬人，第一次世界大戰爆發前之各國兵力平均增兵十萬。到一九三七年，全世界常備兵約八百萬人，完成訓練的後備部隊高達三千萬人。兵力、火力之增加更不可估計。

到了晚近以來，各國講求總體戰，與全國動員能量之提昇，因量變所造成的戰爭變數必然大增。自東西兩德統一及蘇聯解體後，共產主義已然式微，東西方和解，各國裁軍再成為目前趨勢，惟區域衝突增加，其量變雖趨向減少，但可能更為多元。

### （四）各種不同性質之因素

如政治因素，政客喜歡利用戰爭來維持地位。又有經濟因素，十九、二十世紀殖民地許多戰爭，均為爭奪經濟利益。其他如因民族、宗教、意識型態、文化等因素引起的戰爭，在人類生長的舞台上，未曾有過休止符。

以上所舉各項因素，其本身便有很大變數，各個因素之間造成相乘積，其變數可能是無窮的。

## 四、孫子兵法論「變」

孫子兵法對於「變」道之論，以九變篇最為傳神。所謂「九變」，明代張居正曰：

「九者，數之極，變者，不拘常法，臨事遇變，從宜而行之謂也。王陽明先生則曰：『九者，數之極；變者，兵之用。』（註六）可見用兵以奇才是制勝之道。孫子認為「變」是在某種狀況下，所必須推翻一切常情常理常規者，就「常」而言，「行軍由途，敵軍可擊，必攻之城，必爭之地，君命當受」，此皆當然之事理。但當某種「狀況」發生，即變成「途有所不由，軍有所不擊，城有所不攻，地有所不爭，君命有所不受。」

此種用兵上造成一百八十度之大轉變的依據何在？狀況判斷之依據又何在？地形篇有答案。孫子說：「戰道必勝，主曰：無戰，必戰可也。戰道不勝，主曰：必戰，無戰可也。故進不求名，退不避罪，唯民是保，而利於主，國之寶也。」，約而言之，變與不變的考慮，端在「戰道必勝」、「唯民是保」、「而利於主」的三個標準上。

變術對地形、治兵、用兵產生絕對性之影響，孫子詳加闡釋。「將通于九變之利者，知用兵矣，將不通于九變之利者，雖知地形，不能得地之利矣，治兵不知九變之術，雖知地利，不能得人之用矣。」，此指出一個戰場指揮官必須通權達變之重要性，不知變術之用，雖佔地形要點也不能得地利，縱使佔盡地形之利，也不能得有用之兵力，實務獲得戰爭之勝利。

孫子兵法其他各篇中論「變」之處亦多。如兵勢篇言五味之變、五色之變、五聲之變，必奇正用兵，奇正互相變化，才能如日月江河一般，永無止境。虛實篇曰：「戰勝不復，而應形於無窮。」，更是古今兵家用兵之法門，此種能因敵之變化而取勝者，孫子名之曰：「神」。

## 五、結　論

本論文戰爭的「常」、「變」之道研究，吾人可以確認戰爭之常道是可以建立的，而戰爭之變數亦是無窮盡的，二者的平衡點在那裡呢?用以下五點體認提供參考：

㈠戰爭之「原則」並未經充分的實證，其可變性甚大。縱使「定律」或「理論」，仍然可以經由「重建假設」↓「實驗觀察」↓「求證」↓推翻錯誤的定律↓成立新的定律。何況「原則」?

㈡「常」可守，不可固守。蓋固守於某一常道，必拘泥於形式法則而欠靈活變化；而戰爭原則亦須理解領悟，先能知，才有可用，若不知，則無可變。

㈢「變」可變，不可亂變。首應知變，變常會出現在「空間的接合部，時間的運接點，人的連結處，狀況之改變時」。故先知變，才能準備應變，進而制變與用變。

㈣「常」與「變」並非兩個各自的獨立體，二者實有相互消長之關係，成相互循環之狀態，有互補作用，更是利害一致。在戰爭中必奇正常變互用，乃能取勝。

㈤人生即戰場。在任何人生所面對的領域中，除用兵作戰外，餘如求學讀書、婚姻生活、接物交友，乃至出世入世等，同樣要面臨常與變的問題。如何守常應變，而達全勝，應為最高目標與原則。（本文原刊：陸軍學術月刊，八十二年八月十六日，二十九卷。民國一百年春再修訂。）

## 註釋：

註一：戰爭藝術，三軍大學印，序第三頁，民國七十三年八月。

註二：孫子兵法，八十八頁，時報文化出版公司，民國七十六年一月十五日。

註三：中共陸軍編裝及戰術第二輯，陸軍戰術之部，十三頁，三軍大學印，六十四年七月版。

註四：戰爭之研究，上冊，第二、四章，三軍大學譯印，民國七十一年五月。

註五：中國政治思想史，上冊，第一篇，第三章，第四節，蕭公權著，臺北市聯經出版公司，民國七十一年版。

註六：孫子今註今譯，第四篇，第八節，魏汝霖註譯，臺灣商務印書館，民國七十六年四月修訂三版。欲詳知中國兵法之妙，可參閱作者另著，中國四大兵法家新詮，台北：時英出版社，二〇〇六年九月。

## 參、近代極激宗教運動與國家

「國家整合」（National Integration）是把文化及社會中分離不相屬的部分，納入單一的疆域，並建立起國家認同的過程，其事關萬端，困難重重，常是經歷數百年的整合而未果，甚至國家造成爭戰、動亂、分裂，於是亡國，能不慎乎！

國家整合的基本困境不外：種族主義的困擾、多元性語言障礙、地域觀念之衝突、歧視性的社會階級與歧異的宗教信仰等五項，本文僅針對宗教一項申論之。蓋因冷戰結束後，宗教又再度成為各族群間新的意識形態，各國陷於紛擾不安，舉凡波士尼亞內戰，以巴對抗、各地的恐佈攻擊、局部衝突和分離主義都和宗教有關係。宗教真的成為國家整合和國家認同的障礙嗎?還是國家安全的新威脅?極端與激進宗教運動是在分裂國家嗎?還是被政治迫害「逼」出來的?

## 一、何謂「宗教」（Religion）

宗教起源於神話，偏重信仰（Faith），依據文化人類學（Cultural Anthropology）的解析，宗教是人類在所有時空中創造出來不可見的實體世界（A World of Unseen Entities），幫助人們解釋世界是如何產生的，人類和自然物種（Natural Species）及自然力是如何發生關係的。因而宗教可以形成某種型態的控制力，維持人群的社會道德與秩序，亦能增強人生有限的能力，提高安全感、歸屬感和生命的意義。宗教對國家整合才形成一股潛在而不可忽視的潛力，此種潛力，有時和文化又是一體的，例如中華文化、印度文化等，即「孵」出了不同「神」觀。

但是，不同的神觀，也將使宗教對國家整合產生不同的影響力。當我們在討論宗教經驗、信仰與價值時，都必須涉及「神」的觀念，神學（Theology）即成為宗教本身的一種信仰理論或教理根據，例如下列分辨：

一、有神論（Theism）：主張神（上帝或其他稱謂）是萬有的造物主，神是全知、全能、全在的，有神論還區分多種派別，如一神論（猶太教、回教、基督教）、二神論（拜火教）、多神論（印度教、佛教、中國民間信仰）等。

二、無神論（Atheism）：宇宙世間無神，或有神也是人創造出來的，故中國人說「封神」榜。中國民間信仰也常被歸人「無神論」，因為中國的神是人創造的。

神觀之影響基本教理、教義及信仰理論，宗教乃對國家整合有決定性的影響力。西方各教派堅持「神創造人」，堅持自己信仰宗教的真理性，因而發生許多宗教戰爭，西元六世紀到十六世紀曾有長達一千多年的政教紛爭，犧牲許多生命，許多政權也因而分合興亡，但中國人普遍認為並非「神創造人」，而是「人封神」，所以歷史上除魏晉南北朝有因佛教起爭端外，並不因「神」或「宗教」而有衝突，更沒有所謂「宗教戰爭」。宗教在中國的國家整合過程中並沒有形成障礙，反而成為凝結中華民族團結的推手。唐代以後的「三教合一」，經一千多年的融合，現在大家才有「中華文化三要素：儒、佛、道」的共識。目前世界上固守主要宗教傳統的人口百分比如「表一」。（註一）

政治學大師 Samuel P. Huntington 在「文明衝突與世界秩序的重建」研究顯示，在快速現代化社會，如果傳統的宗教無法適應現代化要求，則西方基督教和回教便有擴張的潛力。回教人口成長也將高過基督教，到公元二〇二五年達世界人口百分之三十。

## 二、宗教對新興國家「國家整合」的影響

在新興國家，宗教信仰仍然與一般人民生活密不可分，且與政治權力的變遷有相當程度的關係，大致上可分兩種情形。

### （一）同一國之內存在許多具有相互排斥的宗教

有此類情形的國家很多，如美國、中國、印度、前蘇聯及今俄羅斯，均分別對國家整合與國家安全造成各種不同程度的影響，舉印度為例如「表二」說明。

印度的宗教結構有印度教、回教、基督教、錫克教、佛教、耆那教等，其中為數最多的是印度教。因各教派存在太多差異及排斥，自然在政治權力和政治利益都形成「非整合」狀態，政教衝突的結果是帶來不安、動亂與戰爭。直到二十世紀的九〇年代，仍經常有大規模暴

| 年<br>宗教 | 1900 | 1970 | 1980 | 1985<br>(估計值) | 2000<br>(估計值) |
|---|---|---|---|---|---|
| 1. 西方基督教 | 26.9 | 30.6 | 30.0 | 29.7 | 29.9 |
| 2. 正統基督教 | 7.5 | 3.1 | 2.8 | 2.7 | 2.4 |
| 3. 回教 | 12.4 | 15.3 | 16.5 | 17.1 | 19.2 |
| 4. 無宗教信仰 | 0.2 | 15.0 | 16.4 | 16.9 | 17.1 |
| 5. 印度教 | 12.5 | 12.8 | 13.3 | 13.5 | 13.7 |
| 6. 佛教 | 7.8 | 6.4 | 6.3 | 6.2 | 5.7 |
| 7. 中國民間信仰 | 23.5 | 5.9 | 4.5 | 3.9 | 2.5 |
| 8. 部落的宗教 | 6.6 | 2.4 | 2.1 | 1.9 | 1.6 |
| 9. 無神論 | 0.0 | 4.6 | 4.5 | 4.4 | 4.2 |

來源：David B. brrett. ed. World Christian Encyclopedia: A comparative study of churches and religions in the modern world A.D. 1900-2000（Oxford：Oxford University Press. 1982）

表一：固守主要宗教傳統的世界人口百分比

動、暗殺，實在是國家整合難以突破的困境。（註二）印度政局始終不安、經濟落後、貧窮、實與宗教最有關係。印度文化以宗教為主體，非社會倫理、政治經濟、律法風俗、文學藝術，莫不為宗教精神貫穿和統攝。特別是基於印度教義所劃分的階級制度（Caste system），把人分成四個等級：

㈠婆羅門（Brahman）：僧侶、經師階級。

㈡剎帝利（Kshatriya）：王室、官吏、軍人。

㈢吠舍（Vaisya）：農、商、平民。

㈣首陀（Sudra）：皂隸、下等賤民。

印度社會目前仍有約三千種不同的「卡斯特」（Caste），每一個都有呆板固定的世襲職業，人種等級的區分到了進入二十一世紀的今天，依然牢不可破，形成政治和法律上的不平等。（註三）

| 宗教 | 人數（Number） | 總人口中百分比 |
|---|---|---|
| Religion | 百萬（Millions） | ( Percent of Total Population ) |
| 印度教（Hindu） | 453.4 | 82.72% |
| 回教（Muslim） | 61.4 | 11.2% |
| 基督教（Christian） | 14.2 | 2.6% |
| 錫克教（Sikh） | 10.4 | 1.89% |
| 佛教（Buddist） | 3.8 | 0.71% |
| 耆那教（Jain） | 2.6 | 0.48% |
| 其他（others） | 2.2 | 0.40% |

表二：印度的宗教結構

## （二）無政治因素而宗教本身產生分裂

新興國家的宗教信仰，有時候沒有政治權力鬥爭的因素介入，而是宗教本身的分裂，導致國家整合的困難，如「表三」（註三），有些國家雖有兩個以上的主要教派，但仍然可能產生分裂或未分裂的兩種狀況，有些國家如巴基斯坦、伊拉克、敘利亞、葉門、比利亞、馬達加斯加等國，國內並無兩個以上教派相抗衡，但其教內產生的分裂現象，仍然給她們的國家帶來整合危機。可見宗教意識形態的分歧，固然不利於國家的整合，同一宗教內部相互不妥協的權力鬥爭，也對國家整合產生障礙，或為國家帶來內部動亂，威脅國家安全與社會安定。

| | 國家 | 兩個以上宗教 | 主要宗教內有分裂狀況 |
|---|---|---|---|
| 亞洲 | 緬甸 | + | − |
| | 中共 | + | − |
| | 印度 | + | − |
| | 印尼 | + | + |
| | 伊朗 | + | + |
| | 馬來西亞 | + | − |
| | 尼泊爾 | + | − |
| | 巴基斯坦 | − | + |
| | 菲律賓 | + | − |
| | 斯里蘭卡 | + | + |
| | 泰國 | + | − |
| 中東 | 伊拉克 | − | + |
| | 黎巴嫩 | + | + |
| | 敘利亞 | − | + |
| | 葉門 | − | + |
| 非洲 | 喀麥隆 | + | − |
| | 查德 | + | − |
| | 達荷美 | + | − |
| | 依索匹亞 | + | − |
| | 迦納 | + | − |
| | 幾內亞 | + | − |
| | 象牙海岸 | − | − |
| | 肯亞 | + | − |
| | 賴比瑞亞 | + | + |
| | 利比亞 | − | + |
| | 馬達加斯加 | − | + |
| | 馬拉威 | + | − |
| | 奈及利亞 | + | + |
| | 塞內加爾 | + | + |
| | 獅子山 | + | − |
| | 南非 | − | + |
| | 蘇丹 | + | + |
| | 坦桑尼亞 | + | − |
| | 多哥 | + | − |
| | 烏干達 | + | + |
| | 阿聯大公國 | + | − |
| | 上伏塔 | + | − |

表三：新興國家多元宗教與衝突之狀況

＋表示有　－表示無

## 三、極端回教與目前世界各國動亂

目前世界上的極端回教國家（美國的認定），都已被美國稱為「革命輸出國」，如美國國務院列名的支持恐怖活動國家：伊朗、伊拉克、利比亞、敘利亞、蘇丹、北韓、古巴等，事實上，整個回教世界依其暴力程度可概分三類：

㈠溫和保守派：巴林、阿曼、沙烏地阿拉伯。

㈡親西方國家：土耳其、埃及、摩洛哥。（美國雖佔領伊拉克，伊人仍反美。）

㈢極端回教國家：伊朗、伊拉克、阿爾及利亞、蘇丹。

這三類以極端回教國家的暴力程度最高，在世界上許多地方製造恐怖活動，對國家安全、社會安定，甚定國家整合的衝擊最嚴重，在極端回教國家中，最恐怖也最占上風的是「回教基本教義派」，目前正在擴張勢力，而其中最有名的是公元二千年創下「九一一事件」，老美為此發動阿富汗戰爭的「蓋達」組織，領導人是賓拉登，出版界已有許多研究，尚有下列組織。

㈠哈瑪斯（HAMAS）：一九八七年成立於迦薩走廊，全名是「回教抵抗運動」，成員來自埃及的「回教兄弟會」，其相關團體是「回教聖戰組織」，該組織活動範圍在以色列及占領區，經費來自伊朗幕後支持。哈瑪斯主張消滅以色列，建立橫跨地中海到約旦河的回教國家，揚言報復英國人和猶太復國主義，仇視美國，並且不承認以色列與巴解在一九九三年達成的自治協定。

㈡回教救國陣線（FIS）：阿爾及利亞最大的在野黨，於一九九一年的全國初選獲壓倒性勝利，但阿國政府隨即宣布取消大選，回教救國陣線憤而轉入地下，從事恐怖活動，主席馬達尼揭示：「沒有典章，沒有憲法，只有可蘭經」。（註五）特別仇視法國人，認為法國支持政府軍，該陣線相關團體有二：

回教救國軍：專攻擊政府軍。

武裝回教團體（GIA）：暗殺阿國境內外國人。

回教救國陣線力斥西方國家道德沒落，認為一切都要回歸可蘭經的教義規範內，否則就是叛徒。

在整個回教世界中，基本教義派並不一定存在極端回教國家，親西方及其他國家也有基本教義派。

㈠蘇丹：屬回教正統派，親伊朗，接受伊朗資助訓練回教革命狂熱分子，亦庇護巴勒斯坦激進團體。

㈡伊朗：回教什葉派，屬回教非正統，以回教革命基地自居，是主要的革命輸出國。

㈢黎巴嫩：回教真主黨。什葉派居多，由伊朗和敘利亞支持，主張從地中海岸到敘利亞成立回教國家。

㈣埃及：伊斯蘭團體，反對親西方政策，欲推翻總統穆巴拉克的親西方政府，建立純回教國家。（二〇一一年夏穆巴拉克已被推翻，未來變數多。）

蘇丹回教陣營領導人曾說，西方國家對回教的恐懼更甚於共產主義的恐懼，因為西方只知道應付物質的挑戰，卻不知如何應付精神挑戰。（註六）這個說法頗有一些道理，回教激進分子在歐美各地製造恐怖攻擊，如紐約世貿中心大爆炸、法航劫機、巴黎地下鐵及凱旋門爆炸案，已讓西方各國「國國自危」。

若從更高更早的歷史視野探索，可以說是回教世界和基督世界的「千年鬥爭」，是兩個神（阿拉、天主）的對決，而人類只是在打「代理戰爭」。不幸的是，近三百年來，基督世界因工業革命而富強，創造了「西方資本主義」巨獸，回教世界面臨被壓迫，被「和平演變」的命運，只好起來反抗。恐怖主義是「弱勢者」與「強勢者」對決，唯一可用，且最厲害的武器，阿拉的子民用的越來越純熟了。

## 四、回教的血腥邊界與原因探討

從一九七〇年代「回教復興」（Islamic Resurgencer）運動以來，（註七）全球風起雲湧，回教徒已達世界總人口五分之一。但回教也在許多國家、地區及非回教團體間，造成更多衝突動亂，如波士比亞、俄羅斯、土耳其等，莫不為回教與其他教派存在高度敵意而引燃戰火，以下從經驗觀察和原因探討分述之。

### （一）回教徒暴力衝突的經驗觀察

經驗觀察的目的是要獲取證據，進而解釋現象，回教徒在回教國家及其他國家與地區，所發生的衝突可做如下觀察。

㈠在一九九三到一九九四年間的五十場種族衝突中，回教徒捲入二十六場，其中十五場是回教徒和非回教待之間，回教徒的衝突，是完全非回教徒的三倍。

㈡在一九九二年發生的二十九戰爭，在十二場文明內部衝突中，有九場是發生於回教徒和非回教徒之間，證明當代回教文明比其他文明有更多戰爭。

㈢統計一九二八年到一九七九年間，回教國家的一四二次危機，有七十六次訴諸暴力。

㈣比較各國處理危機時訴諸暴力的程度，回教國家是百分之五三點五，英國百分之一點五，美國百分之一七點九，前蘇聯百分之二八點五，顯示回教的暴力程度甚高。

## （二）回教徒暴力傾向的可能原因

要評估歷史上不同文明的暴力傾向，很難做的客觀合理，西方在長達一千年的政教之爭，基督徒也曾大量殘殺基督徒、其他民族及異教徒。那麼，現在我們如何解釋回教徒這種高暴力傾向呢！除了是對西方霸權侵略的反制外，只能說是一種可能原因。

㈠回教是「劍的宗教」，崇尚武力，有高程度的窮兵黷武傾向，如「表四」所示。（註九）穆罕默德本人身後有「無情戰士」、「軍事指揮官」之名，回教教義對非信徒主張發動聖戰。

| | 平均軍力比 | 平均軍力指數 |
|---|---|---|
| 回教國家(n=25) | 11.8 | 17.7 |
| 其他國家(n=112) | 7.1 | 12.3 |
| 基督教國家(n=57) | 5.8 | 8.2 |
| 其他國家(n=80) | 9.5 | 16.9 |

來源：James L. Payne. Why Nations ARM (Oxford: Basil Blackwell, 1989), pp. 125, 138-139. 在那些回教徒與基督教徒國家中，有80%以上的人口信守著明確的宗教。

表四：回教國家和基督教國家的軍力比及軍力指數

㈡回教政教合一，並和其他宗教劃清界線，結果其他各種教派想和回教共存都很困難，例如華人在世界各地與各種教派相處都能適應或同化，唯獨與回教（如印尼、馬來西亞）共處，都常發生排華暴動及暴力事件。

㈢回教國家的解釋是，在十九、二十世紀西方帝國主義擴張，許多回教國家都是被壓迫者，受到打壓的族群，但這卻不能解釋蘇丹、埃及、伊朗及印尼等國家回教多數和非回教少數間的衝突。

㈣政治學家Samuel P. Untington 認為，回教是世界各國不安的源頭，因為它缺乏一個主導的中心，這當然是站在美國利益說話。各回教國家都在回教世界競逐響影力，都希望出線成為回教領袖，卻也沒有任何權威可以出來解決衝突。

㈤回教年輕人在回教復興中也舉足輕重。如「圖一」所示，自一九七〇年代開始回教國家年輕數量呈

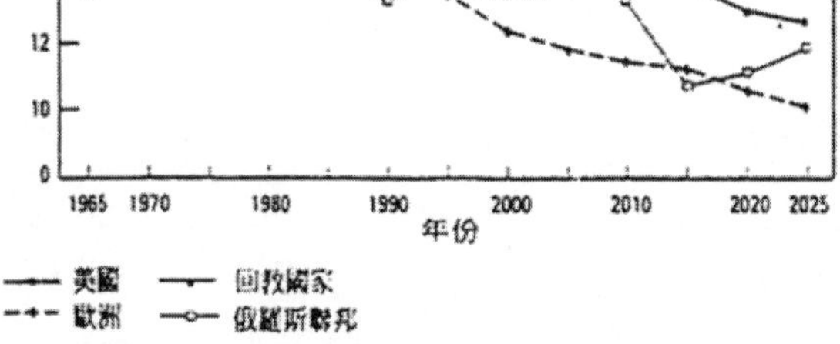

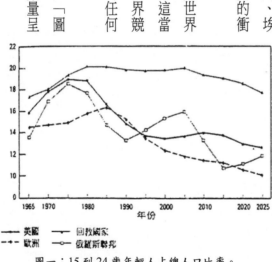


圖一：15 到 24 歲年輕人占總人口比率。

高峰膨脹的態勢，比其他國家高出很多，年輕人是搞抗議運動、製造動亂衝突及投入革命行列的主力。

㈥從工業革命後這三百歷史看，英、美資本主義國家（即基督世界含天主教），因科學進步，而強大，在叢林法則下，回教世界成為弱勢者。自然面臨壓迫，甚至產生存在的危機。弱者為求生存，當然要全力反擊，暴力成為必須選項。

## 五、普世基督教界的激進宗教運動

「基督教界」（Christendom）是一個涵蓋各基督教會的概括性名詞，一九四八年「普世基督教會協會」（World Council of Cheurches）成立時，曾規定會員教會儘量擴張範圍，入會基礎即「承認耶穌基督為上帝與救主」。因此「基督教界」的範圍包括東正教會、羅馬天主教會、信義宗教會、改革教會、浸信會等，「激進宗教運動」（Radical Relgious Movement）為近世的一項全球性宗教入世運動，基督教界受到激烈影響，激進宗教狂熱成為基督教各教會的普遍現象。

追究事情的本源，近世的激進宗教運動為近代人文主義（Humanism）的延長和投射。人文主義的特質在強調人性建設的可能，肯定人性的價值，確認人與自然的二元論，推行現世社會改善的必然性和必要性，其對基督教界的啟示，便是將屬靈的關切轉向屬世的關心，這一吊詭性的倒置便產生了「批判性的反省」，從被泛稱「解放神學」（Theology of Liberation）或「革命神學」（Theology of Revolution），大量神職人員及教徒大舉從事政治社會運動，在整個運動中受到教宗的支持，而以起源於東歐的「基督徒與馬克思主義者對話」，及拉丁美洲「解放神學」的兩個運動最重要。

## （一）教宗聖若望廿三和保祿六世的教諭

宗教入世運動的開展，最具革命性轉變的，便是這兩位教宗相繼的兩大教諭：一九六三年「在地上的和平」（Peace in Terris）和「人民的進步」（populorum progressio），這兩大教諭成為宗教入世運動的指導綱領。

「在地上的和平」教諭為近代天主教人文主義的時代性教諭，若望廿三世呼籲和基督教各教會相互合作，甚至與馬克思主義信徒對話，共同創造理想社會，這個教諭也積極倡導社會應致力於正義、平等、自由的實現。

「人民的進步」教諭，在本質上是「在地上的和平」的闡揚與延續，進一步的鼓動「富人是窮人的竊賊」觀點，此教諭一出，華爾街日報的反應是「馬克思主義復活了！」

（註十）俄共領導人赫魯雪夫則表示歡迎。

## （二）「基督徒和馬克思主義者的對話」運動

這是一個複雜的激進神學運動，雙方各有其客觀因素，在共產國家方面因不能清除「人民的鴉片煙」——「宗教」，教徒的抵抗日益高漲，共黨被迫必須與教徒妥協，以獲取支持。西方國家眼見近半個地球被赤化，不得不和解與妥協——承認事實的存在，梵蒂岡乃在一九六一、一九六三、一九六七年，三次發表教皇教諭，主張地上和平、反戰、反資本主義等，基督徒和馬克思主義的對話乃成為一九六〇年代前後的社會瘋狂運動。

更激進的觀點，雙方（基督教和馬克思信徒）還追本溯源，認為耶穌和馬克思之間有「先知性的聯繫」，共產主義是早期的「世俗基督教」，應該結束往昔的「兄弟鬩牆」（Fratricial War），使得雙方「互相豐富」（Mutual Enrichment）起來，在西方世界，特別是知識青年、工人、學生、黑人，對馬克思的狂熱在一九六八年達到頂點，社會運動演變成暴行、革命、顛覆現政權運動，馬庫色（Herbert Marcuse）、阿多諾（Theodor Adorno）等人，都是這一波運動的理論家與指導者。（註十一）

## （三）第三世界與拉丁美洲的「解放神學」運動

在這些地區，整個一九六〇年代中後期及七〇年代前期，激進宗教與馬克思主義結合成的左翼運動，真可謂澎湃洶湧，特別是拉丁美洲有百分之九十五天主教徒，使得羅馬天主教在拉丁美洲是凌駕一切之上的唯一勢力。由教會支持、掩護、推動的革命運動和反抗運動真是不勝枚舉。

「解放神學」的要義是把教會視為「批判機構」（Institution of Criticism），「抗議踐踏人性尊嚴，為眾多人民被凌辱而鬥爭，把人間的愛解放出來，建立人間成為上帝的國」是所揭櫫的神聖目標。

總的來說，激進宗教運動到一九七〇年代後期開始退潮，回首前塵，那到底是國際共黨的陰謀策動，還是基督教界的發展策略呢？至今仍是一個充滿弔詭性（Paradox）的問題，勿論是非，這一波激進宗教運動（回教與基督教界）對中國也好，對台灣也好，產生強烈的衝擊則屬必然。

## 六、激進宗教運動對中國當代國家認同的衝擊

當近世激進、極端宗教運動，以自由、解放、正義或建立理想國度之名，介入各國政經社會運動時，衝擊力可能超越國家安全，國家認同之範疇，而達到國家版圖重新解組與整合，對中國的衝擊同樣是巨大的。此處試從對國家認同概述之。換言之，中國之國家整合尚待努力，至少還要數十年整合工夫。

「統一的中國」思想從周朝初年形成，到戰國時代孟子建立「中國統一思想」的理論基礎，秦漢後中國便是統一的國家，這個理念在歷史上垂二千餘年而未動搖。近代中國積弱不振，帝國主義入侵，才產生國家認同問題，至今仍處分裂狀態，也許有無數複雜因素糾纏著。但把宗教這項因素單獨抽離觀察，區分大陸地區和台灣地區兩處，激進宗教運動對中國當代國家認同的衝擊，仍然造成極大的困境。

### （一）大陸地區激進宗教運動對國家認同的衝擊

在大陸地區激進宗教運動比較活躍地區是新疆和西藏，且分離主義意識高漲，都對中國的國家認同進行嚴厲挑釁。這表示，中國的國家整合是未完成的。

新疆的分離主義始自大陸時期，但那並非宗教因素，而是蘇聯策動。（註十二）但現在宗教已是主要因素，極端的「回教泛伊斯蘭主義」與回教世界的「聖戰」遙相呼應，目前已是新疆分離主義的主要精神力量，為獨立建國發動許多流血暴動，如一九六二年伊犁暴動、一九八〇年代喀什兩次暴動、一九九七年伊寧大暴動，都因回漢關係或宗教因素引暴。（註十三）但畢竟，漢滿蒙回藏是中國重要組成份子，中國有能力解決這問題。

對付新疆的分離主義，特別是「人民的鴉片煙——宗教」絕無妥協，一九九〇年三月十一日「新疆日報」公布的「六點行動方案」中，就強調「黨絕對在宗教之上」。

有關回教必須接受嚴格規範，是故每次暴動中共都採嚴厲鎮壓、集體審判及快速處決政策，一九九七年二月伊寧暴動，中共就處決了百名回族分離主義分子。（註十四）新疆獨立運動半個世紀以來越演越烈，因素多而糾結不清，惟極端回教的「世界革命」政策是難以應付的外環境，光是鎮壓，處決是不行的。

八十六年三月流亡的西藏政教領袖、第十四世達賴喇嘛，接受中國佛教會理事長淨心長老邀請，來台訪問六天。訪台期間達賴多次表示「主張自治，不主張獨立」，西方及某些台灣用陰謀理論解釋，認為他仍扮演藏獨的「白手套」角色，中共則解讀為「台獨與藏獨」的合流（註十五）各方認知差距太大，而西藏境內人民為維護傳統宗教信仰，抗暴動也始終沒有停止。西藏是政教合一的社會，表示政治與宗教都是藏人所堅持的，如何能不危及國家認同正考驗漢藏人的智慧，外界也在由此觀察中共改革開放的程度與方向。但無論如何！國家絕對不允許造成分裂，中國必須維持統一狀態。

隨著改革開放，中國的繁榮崛起，進入廿一世紀，西藏和新疆的分離主義已經降溫，加上西藏鐵路的通車，相信都有利於國家的整合和統一。畢竟回教在中國有久遠的歷史，也有很多信眾，因為中華文化儒家文明的關係，伊斯蘭也會變得溫和而有包容力。

## （二）台灣地區激進宗教運動對國家認同的衝擊

外來宗教各教派對「中華民國在台灣」產生國家認同問題，最嚴重的是前述的「基督教界」（含解放神學），在台灣以「台灣基督教長老教會」（以下簡稱長老會亦是台獨大本營）最激進。（註十六）以下是長老會近數十年來的「解放運動」。

民國六十年底，我國退出聯合國，長老會（高俊明主持發表宣言，主張「人民有權決定他們自己的命運」。民國六十一年初，四位長老會牧師到美國成立「台灣人民自決運動」，此即後來的「自決派台獨」，此四人當時神職如表五。

**表五「自決派台獨」神職人員**

| 姓名 | 曾任神職 |
| --- | --- |
| 黃彰輝 | 長老會總會長、台南神學院院長、「普世教協」神學基金會主席。 |
| 黃武東 | 長老會總會議長、總幹事。 |
| 宋泉盛 | 台南神學院院長。<br>普世教協信仰與教訓委員會副主任。 |
| 林宗義 | 教徒、牧師。 |

民國六十六年八月，高俊明等人發表「台灣基督教長老教會人權宣言」，主張「使台灣成為新而獨立的國家」。（所以，長老教會不是宗教團體，是台獨組織。）

長老會對後來的「高雄事件」和「中壢事件」也都積極介入，並未隨西方激進宗教退潮而中止活動，台灣地區解嚴後，長老會反而有更大活動空間，最近的活動是在美國當選「世界歸正教會聯盟」主席的宋泉盛（與表五同），於民國八十六年十月二十三日回台會晤李登輝先生要求公民投票展現台灣人自決精神，但李先生認為現在族群和諧最重要，實施公民投票並非最好時機。（註十七）

二〇〇六年秋，施明德發起「倒扁運動」，百萬人響應，要推翻貪污腐敗的陳水扁貪腐政權。此刻高俊明仍說，倒扁會給國家帶來不安全，可見這些長老會成員多麼護著貪腐政權。這些人左一句上帝，口說「貪財是萬惡之源」，卻說一套做一套，抓著貪腐政府吃香喝辣。他們殊不知貪污腐敗不僅失去統治合法性，也會導致國家衰亡，滿清不是如此嗎？

所以，很可惜的，台灣基督教長老教會，因李登輝、高俊明等這些投機份子，已成為一個極激進教派，支持分離主義和貪污腐敗的教派，他們為社會帶來動亂分裂，其成員應設法和李高等人切割，深刻反省。除長老教會外，像「台灣教授協會」、自由時報群，都是台獨組織，台灣之亂源！

當人類邁向二十一世紀文明，總覺得人類文明是不是在輪迴中，又要向前回到中古時代，宗教不是再度走上國際舞台的中央嗎？在東歐，尤其波蘭，教會勇敢的站在第一線與共產政權對抗，成為左右全局的力量。梵蒂岡就認為，整個東歐的變革都是由教宗若望保祿二世所帶動。然而，教宗也在呼籲建議「歐洲基督化」（Christian Europe）。如果歐洲真的基督化，則歐洲的一千多萬回教徒及少數族群教派怎麼辦？至少回教基本教義派也在構想把歐洲伊斯蘭化。到時難到再透過一場宗教戰爭來決定「市場」或地盤嗎？這恐怕是難以避免，更大的戰火還在後面呢？

另一個實例，伊朗精神領袖何梅尼因「魔鬼詩篇」違反可蘭經教義，通令全世界回教徒追殺作者魯西迪，何梅尼真正的本意在說：「主權獨立」的國家，不再是主權獨立的國家，所謂的「國家」都是臣屬於他的教派之下，他的確回到中古時代，強調教權高於政權。若政教之爭再起，我們豈非永無寧日！

## 七、結論：向儒家文化取經

「大未來」一書的作者 Alvin Toffler 看準人類的大未來：我們正在用我們的新知識，顛覆我們這個世界，準備創造一個新文明。（註十八）明日文明必然更好，讓全人類活的更好，否則如何曰「新」乎？是故，諸種排他性宗教必須學習共存與尊重，降低對國家的安全威脅，減少對國家的認同問題，應有利於國家之整合。必竟「凱撒的歸凱撒，上帝的歸上帝」，誠如台北地方法院對「宋七力案」的判決，是「審叛犯罪，不是審叛宗教」，藉神蹟歛財，就是犯罪。（註十九）同理政教分離，各教共存，相互尊重，人類才有大未來，使宗教戰爭永成歷史。（註二十）

本文比較了「阿拉世界」和「基督世界」，發現這兩個人類社群文明（也是兩個絕對唯一的神：阿拉和基督，其實我很不願這樣講，因為錯不在神，真正犯錯的是我們「人」啊！）陷入了永無休止的相互毀滅鬥爭，雙方都認為自己是「唯一真理」，對方是魔鬼，但責任較大的一方，吾人認為是英美這些資本主義國家，企圖利用本身的強大，對阿拉伯世界進行「和平演變」，甚至利用「武力演變」（如入侵阿富汗、伊拉克）。而二〇〇六年八月的「以黎戰爭」不也相同嗎？

事實上阿拉和基督兩個世界的總人口，雙方都各有十多億，要消滅對方是不可能，也沒有必要。當他們的命題陷於無解之際，何不來向中國儒家取經，儒家文明主張包容、共生和尊重，政治上以仁政和人本為核心理念。西方有很多政治家、思想家已經起步，向儒家文明取經。

## 註釋：

註一：杭亭頓（Samuel P. Huntington），文明衝突與世界秩序的重建（The Clash of Civilizations and The Remaking of World Order），黃裕美譯（台北：聯經出版公司，一九九七年九月），第三章。

註二：彭堅汶，孫中山三民主義建國與政治發展理論之研究（台北：時英出版社，民國七十六年十二月），頁八八—九三。

註　三：印度教所設計的階級制度，使國家之內的政經地位不平等。譬如，婆羅門的一切財產和收入可以免稅，其他階級要繳納約六分之一的生產所得給政府，一個首陀如殺死另一個首陀，他可以捐獻十條牛給婆羅門來贖罪；如殺死一個吠舍，則送一百條牛，如殺死一個剎帝利，則送一千條牛，但如殺死一個婆羅門，唯有以生命抵償。好像只有婆羅門才算真正的人，類似不平等的階級劃分，其他尚多。見江炳倫，亞洲政治文化個案研究（台北：五南圖書公司，民國七十八年六月），頁六九—八三。

註　四：同註二。

註　五：崔小菇，「極端回教派與世界動亂」，中央日報，民國八十四年九月十三日，第九版。

註　六：同註五。

註　七：「回教復興」的意義和影響力，已和「美國革命」、「法國革命」或「俄羅斯革命」一樣重要，甚至與「宗教改革」（Protestant Reformation）等量齊觀，見註一書，第五章。

註　八：參閱註一書，第十章。

註　九：同註八，頁三五三。

註　十：關於激進宗教運動可參考南方朔，帝國主義與台灣獨立運動（台北：黎明文化出版公司，民國七十年十二月），頁一一五—一六四。

註十一：陳榮灼、蔡英文、黃瑞祺、羅曉南編譯，當代社會政治理論對話錄（台北：巨流圖書公司，民國七十五年十月），第九篇。

註十二：新疆的分離主義較早是民國三十二年，俄共策動獨立「東土耳其斯坦人民共和國」，後經國民政府派兵救平。見前國防部長郭寄嶠上將口述，救平新疆偽「東土耳其斯坦人民共和國」經過紀要（台北：國防部史政編譯局，民國七十八年十一月一日）。

註十三：九〇年代新疆境內的獨立運動組織有二：一為「東土耳其斯坦人民聯合民族革命陣線」，屬激進派、領袖是穆赫里西（Yucubek Mukhlisi）。另一為「自由維吾爾斯坦黨」，領袖是瓦西多夫（Ashir Vakhidov），是穩健派。還有一個流亡在土耳其的「聯合全國革命陣線」，見中國時報，民國八十三年八月五日；中央日報，八十六年二月十三日。

註十四：中央日報，八十六年二月十三日。

註十五：亞洲週刊，一九九七年三月三十一日—四月六日，頁六—廿三。

註十六：長老會（Presbyterian Church）源自十六世紀法國神學家喀爾文（John Calvin, 1509-1564），是比路德教會（The Lutheran Church，在台灣稱信義會）更激進，素有激進主義的教派。長老會在英國稱「清教徒」（puritans），十七世紀參與英國革命，部分遷移北美洲殖民地，成為美國獨立革命最大的宗教勢力。台灣的長老會也常引證這段歷史，認為台灣要獨立建國；而喀爾文的「反抗暴君論」則成為長老會的理論依據，其實這是長老會的「誤用」，因為喀爾文的反抗暴君是宗教，非政治因素，真正更激進的反抗暴君論，應屬我國孟子的「暴君放伐論」。賦予人民反抗，放伐暴君及革命的理論依據。

註十七：自由時報，民國八十六年十月二十五日，第二版。

註十八：艾文·托佛勒（Alvin Toffler），大未來（Powershift），吳迎春、傅凌譯（台北：時報文化出版公司，民國八十四年三月三十日），頁四六二。

註十九：中國時報，民國八十六年十月三十一日，第九版。

註二十：「宗教戰爭」在人類歷史上似已久遠，但最近一九九〇年的波灣戰爭即險些遊走於宗教戰爭的邊緣，這年八月伊拉克海珊即構想以回教世界領袖自居，號召全世界回教徒對以美國為首的西方國家發動回教聖戰（Jihad），現代版的宗教戰爭已是山雨欲來風滿樓，美國宗教團體質疑盟軍行動是否符合傳統「正義之戰」（Just War）準則，部分希臘正教與基督教人士更斥之為「道德淪喪」了。

按「正義之戰」準則，是基督教神學家阿圭納（St. Thomas Aquinas, 1227-1274）所建立：第一、戰爭必須由國家當局策令進行；第二、戰爭原因必須出於正義；第三、戰爭結果必須益於人民。後來天主教徒再添四項：第一、戰爭必須是「最後手段」；第二、必須具有成功之可能；第三、戰爭帶來的善果必大於其所引發的惡果；第四、戰爭不得傷及無辜。合乎以上七項才算正義之戰，也是發動戰爭的標準。

針對這七項標準，美國辛辛那提一位主教畢拉茲克認為，多國部隊用武，可能已違反「最後手段」及「戰爭結果好壞比例」二原則。各地教會發起反戰示威，預測戰爭將有十萬人傷亡，羅馬耶蘇會宣稱，造成廣泛傷害的戰爭，皆不能稱「正義之戰」，但也很多教徒主張嚴厲制裁伊拉克才是正義。布希總統在一九九一年元月發表過一次演說，尋求基督教義中的「正義之戰」泉源，也針對「最後手段」和「戰爭結果好壞比例」提出解說。

波灣戰爭正式開打後，盟軍對有關宗教事宜也很小心。美軍共有隨軍神父一百一十名，一九九一年二月在一處美、英、沙、科四國部隊共用的空軍基地餐廳中，美軍一位神父主持禱告儀式，開始時口稱「噢！上帝！阿拉！」，結束時用阿拉伯語說，「願所有人的上帝保佑我們所有人。」在盟軍方面是如此的圓融了教派間的堅持，才未陷入海珊宗教戰爭的「阱」中。

在海珊方面他的「聖戰」未能得逞，主要是回教的「Jihad」觀念已經式微，再者海珊使用有毒武器（化武）、虐待人質和俘虜，在科威特大規模破壞自然生態，都不合回教「聖戰」教義，按可蘭經解釋，回教徒認為世界分兩大部分，其一為「回教王國」（Dar U1-Is-lam），其二是「戰爭王國」（Dar U1-hard），這表示回教徒必須以武力征服回教世界以外地區，但這個理念也隨回教帝國的衰落而式微。而聖戰（Jihad）的宣戰權者在哈里發（Ca-liph，穆罕默德之後裔及繼承者，或舊回教國家統治者的稱號。），從一九二四年之後已不復存在。以上原因使海珊的宗教聖戰打不起來，人類免去一場可怕的宗教戰爭，使雙方在軍事、政治領域內較勁，在最少傷害範圍內終戰，這是世人對這場戰爭的肯定。

本文詳註波灣這場遊走宗教邊緣的戰爭，仍在期盼永遠不要再有宗教戰爭，以及政教分離的必要及其重要性，唯其如此事情（指戰爭、國家整合、認同、安全等事宜）才好解決。

# 陳福成生命歷程與創作年表（只記整部出版著作）

**民國四十一年（一九五二）一歲**

△元月十六日，生於台中縣大肚鄉，陳家。

**民國四十八年（一九五九）八歲**

△九月，進台中縣大肚國民小學一年級。

**民國四十九年（一九六〇）九歲**

△夏，轉台中市太平國民小學一年級。

**民國五十年（一九六一）十歲**

△春，轉台中縣大雅國民小學六張犁分校二年級。

年底搬家到沙鹿鎮，住美仁里四平街。

**民國五十一年（一九六二）十一歲**

△轉台中縣新社鄉大南國民小學三年級（月不詳）。

**民國五十四年（一九六五）十四歲**

△六月，大南國民小學畢業。

△九月，讀東勢工業職學學校初中部土木科一年級。

△是年，開始在校刊《東工青年》發表作品。

**民國五十七年（一九六八）十七歲**

△六月，東工第一名畢業，獲縣長王子癸獎。

△八月三十一日，進陸軍官校預備班十三期。

持續在校刊發表作品，散文、雜記等小品較多。

**民國五十九年（一九七〇）十九歲**

△春，大妹出車禍，痛苦萬分，好友王力群、鍾聖錫、劉建民、虞義輝等鼓勵下接受基督洗禮。

**民六〇年（一九七一）二十歲**

△六月，預備班十三期畢業。

△七月，同好友劉建民走橫貫公路（另一好友虞義輝因臨時父親生病取消）。

△八月，升陸軍官校正期班四十四期。

△年底，萌生「不想幹」企圖，四個死黨經多次會商，一直到二年級，未果，繼續

讀下去。

## 民六十四年（一九七五）二十四歲

△四月五日，蔣公逝世，全連同學宣誓留營以示效忠，僅我和同學史同鵬堅持不留營。（多年後國防部稱聲那些留營都不算）

△五月十一日（母親節），我和劉、虞三人，在屏東新新旅社訂「長青盟約」。

△六月，陸軍官校四十四期畢業。

△七月，到政治作戰學校參加「反共復國教育」。

△九月十九日，乘「二二九」登陸艇到金門報到，任金防部砲指部斗門砲兵連中尉連附。

## 民國六十五年（一九七六）二十五歲

△醉生夢死在金門度過，或寫作打發時間，計畫著如何可以「下去」（當老百姓去），考慮「戰地」軍法的可怕，決定等回台灣再看情況！

## 民國六十六年（一九七七）二十六歲

△春，輪調回台灣，在六軍團砲兵六〇〇群當副連長。駐地桃園更寮腳。

△五月，決心不想幹了，利用部隊演習一走了之，當時不知道是否逃亡？發生「逃官事件」，險遭軍法審判。

△九月一日，晉升上尉，調任一九三師七七二營營部連連長，不久再調任砲連連長，駐地中壢。

△十一月十九日，「中壢事件」，情勢緊張，全連官兵在雙連坡戰備待命。

## 民國六十七年（一九七八）二十七歲

△七月，全師換防到馬祖，我帶一個砲兵連弟兄駐在最前線高登（一個沒水沒電的小島），島指揮官是趙繩武中校。

△十二月十五日，美國宣佈和中共建交，全島全面備戰，已有迎戰及與島共存亡的心理準備，並與官兵以「島在人在，島失人亡」共盟誓勉。

## 民國六十八年（一九七九）二十八歲

△十一月，仍任高登砲兵連連長。下旬返台休假並與潘玉鳳小姐訂婚。

## 民國六十九年（一九八〇）二十九歲

△七月，換防回台，駐地仍在中壢雙連坡。

△十一月，卸連長與潘玉鳳結婚。

## 民國七〇年（一九八一）三十歲

△三月，晉升少校（一九三師）

△七月，砲校正規班結訓。

△八月，轉監察，任一九三師五七七旅監察官。（時一九三師衛戍台北，師長李建中將軍）。

**民國七十一年（一九八二）三十一歲**

△三月，仍任一九三師五七七旅監察官。駐地在新竹北埔。

△現代詩「高登之歌」獲陸軍文藝金獅獎。當時在第一士校的蘇進強上尉，以「青青子衿」拿小說金獅獎。很可惜後來走上台獨路，不知可還有臉見黃埔同學否？

△長子牧宏出生。

△年底，全師（193）換防到馬祖北竿。

**民國七十二年（一九八三）三十二歲**

△六月，調任一九三師政三科監察官（馬祖北竿，師長丁之發將軍）

△十二月，調陸軍六軍團九一兵工群監察官。

**民國七十三年（一九八四）三十三歲**

△十一月，仍任監察官。

△父喪。

**民國七十四年（一九八五）三十四歲**

△四月，長女佳青出生。
△六月，〈花蓮十日記〉（台灣日報連載）。
△八月，調金防部政三組監察官佔中校缺，專管工程、採購。（司令官宋心濂上將）
△九月，「部隊管教與管理」獲國防部第十二屆軍事著作金像獎。
△今年，翻譯愛倫坡（Edgar Allan）恐怖推理小說九篇，並在偵探雜誌連載，多年後才正式出版。

**民國七十五年（一九八六）三十五歲**

△元旦，在金防部監察官晉任升中校，時金防部司令官趙萬富上將。
△六月，考入政治作戰學校政治研究所第十九期三研組。（所主任孫正豐教授、校長曹思齊中將）
△八月一日，到政治作戰學校研究所報到。

**民國七十六年（一九八七）三十六歲**

△元月，獲忠勤勳章乙座。
△春，「蔣公憲政思想研究」獲國民黨文工會學術論文獎。
△九月，參加「中國人權協會」講習，杭立武當時任理事長。
△今年，翻譯愛倫坡小說五篇，並在偵探雜誌連載，多年後才正式出版。

**民國七十七年（一九八八）三十七歲**

△六月，政研所畢業，碩士論文「中國近代政治結社之研究」。到八軍團四三砲指部當情報官。

△八月，接任第八團四三砲指部六〇八營營長，營部在高雄大樹，準備到田中進基地。（司令是王文燮中將、指揮官是涂安都將軍）

**民國七十八年（一九八九）三十八歲**

△四月，輪調小金門接砲兵六三八營營長。（大砲營）（砲指部指揮官戴郁青將軍）

△六月四日，「天安門事件」前線情勢緊張，前後全面戰備很長一段時間。

**民國七十九年（一九九〇）三十九歲**

△七月一日，卸六三八營營長，接金防部砲指部第三科作戰訓練官。

△八月一日，伊拉克入侵科威特，海峽情勢又緊張，金門全面戰備。

**民國八〇年（一九九一）四〇歲**

△元月、二月，波灣戰爭，金門仍全面戰備。

△三月底，輪調回台南砲兵學校任戰術組教官。（指揮官周正之中將）（以後的軍職都在台灣本島，我軍旅生涯共五次外島，金門三，馬祖二。）

**民國八十一年（一九九二）四十一歲**

△三月，參加陸軍協同四十五號演習。
△六月，考入三軍大學陸軍指參學院。（校長葉昌桐上將、院長王繩果中將）
△七月四日，到大直三軍大學報到。

## 民國八十二年（一九九三）四十二歲

△六月十九日，三軍大學畢業，接任花東防衛司令部砲指部中校副指揮官，時中校十一級。（指揮官是同學路復國上校，司令官是畢丹中將）
△九月，我們相處的很好，後來我離職時，同學指揮官送我一個匾，上書「運籌帷幄，決勝千里」。可惜實際上沒有機會發揮，只能在紙上談兵，在筆下論戰，幾年後路同學升少將不久也退伍了。調原單位司令部第三處副處長。
△這年經好同學高立興的努力，本有機會調聯訓部站一個上校缺，卻因被一個姓「朝鮮半島」的同學「穿小鞋」，功敗未成，只好持續在花蓮過著如同無間地獄的苦日子。

## 民國八十三（一九九四）四十三歲

△二月，考取軍訓教官，在復興崗受訓。（教官班四十八期）
△四月，到台灣大學報到，任中校教官。當時一起來報到的教官尚有唐瑞和、王潤身、劉亦哲、吳曉慧共五人。總教官是韓懷豫將軍。

△四月，老三佳莉出生。她的出生是為伴我中老年的寂寞，從她出生到小三，洗澡換尿片三更半夜喝奶，全我包辦，三個孩子只有她和我親近。

△七月，母喪。

△十一月，在台大軍官團提報「一九九五閏八月的台海情勢」廣受好評。

**民國八十四年（一九九五）四十四歲**

△六月，「閏八月」效應全台「發燒」。

△《決戰閏八月——中共武力犯台研究》一書出版（台北：金台灣出版社）。本書出版後不久，北京《軍事文摘》（總第59期），以我軍裝照為封面人物，大標題以「台灣軍魂陳福成之謎」，在內文介紹我的背景。

△七月，開始編寫各級學校軍訓課程「國家安全」教材。

△十二月，《防衛大台灣——台海安全與三軍戰略大佈局》一書出版：（台北：金台灣出版社）

**民國八十五年（一九九六）四十五歲**

△元月，為撰寫軍訓課本「國家安全」，本月十一日偕台大少校教官陳梅燕拜訪戰略家鈕先鍾先生，主題就是「國家安全」。（訪問內容後來發表在「陸軍學術月刊第375、439期」

△三月，擔任政治大學民族系所講座。（應民族系系主任林修澈教授聘請）。
△《孫子實戰經驗研究》一書，獲中華文化總會學術著作總統獎，獎金五萬元。
△《國家安全》幼獅版，納入全國各級高中、職、專科、大學軍訓教學。
△四月，考上國泰人壽保險人員證。
△九月，佔台灣大學上校主任教官缺。
△榮獲全國軍訓教官論文優等首獎，《決戰閏八月》。

**民國八十六年（一九九七）四十六歲**

△元旦，晉升上校，任台大夜間部主任教官。
△七月，開始在復興廣播電台「雙向道」節目每週一講「國內外政情與國家安全」（鍾寧主持）。
△八月，《國家安全概論》（台灣大學自印自用，不對外發行。）
△十二月，《非常傳銷學》出版。
**民國八十七年（一九九八）四十七歲**
△是年，仍在復興電台「雙向道節目」。
△五月，在台大學生活動中心演講「部落主義及國家整合、國家安全之關係」。
△十月十七日，籌備召開「第一屆中華民國國防教育學術研討會」（凱悅飯店，本

會在淡江大學戰略所所長翁明賢教授指導下順利完成，工作夥伴除我之外，尚有輔仁大學楊正平、文化大學李景素、淡江大學廖德智、中央大學劉家楨、東吳大學陳全、中興法商鄭鴻儒、華梵大學谷祖盛（以上教官）、淡江大學施正權教授。）我在本會提報論文「論國家競爭優勢與國家安全」（評論人：台灣大學政治系助理教授楊永明博士），本論文為銓敘部公務人員學術論文獎，後收錄在拙著《國家安全與情治機關的弔詭》一書。

△七月，出版《國家安全與情治機關的弔詭》（台北：幼獅出版公司）。

**民國八十八年（一九九九）四十八歲**

△二月，從台灣大學主任教官退休，結束三十一年軍旅生涯。

「化敵為我，以謀止戰」（小說三十六計釜底抽薪導讀，與實學社總編輯黃驗先生對談。）；考上南山人壽保險人員證。

△四月，應國安會虞義輝將軍之邀請，擔任國家安全會議助理研究員。（時間約一年多，每月針對兩岸關係的理論和實務等，提出一篇研究報告（論文）。

**民國八十九年（二〇〇〇）四十九歲**

△三月，《國家安全與戰略關係》出版（台北：時英出版社）。

△四、五、六月，任元培科學技術學院進修推廣部代主任。

△六月一日，在高雄市中山高中講「兩岸關係及未來發展——兼評新政府的國家安全構想」（高雄市軍訓室軍官團）

△十一月，與台灣大學登山會到石鹿大山賞楓。

△十二月，與台灣大學登山會到司馬庫斯神木群。

**民國九〇年（二〇〇一）五十歲**

△五月四到六日，偕妻及一群朋友登玉山主峰。

△六月十六、十七日，參加陸軍官校建校七十七週年校慶並到墾丁參加44期同學會。

△十月六日，與台大登山隊到睏牛山。

△十二月，《解開兩岸十大弔詭》出版（台北：黎明出版社）。

△十二月八到九日，登鎮西堡、李棟山。

△十二月二二到二三日，與台大登山隊走霞克羅古道。

**民國九十一年（二〇〇二）五十一歲**

△去年至今，我聽到三位軍校同學過逝，甚有感慨，我期至今才約五十歲。想到學生時代很要好的同學，畢業已數十年，怎都「老死不相往來」，我決定試試，召集住台大附近（半小時車程），竟有七人（含我）來會，解定國、高立興、陳鏡培、童榮南、袁國台、林鐵基。這個聚會一直持續下去，後來我定名「台大周邊

地區陸官44期微型同學會」（後均簡稱「44同學會」第幾次等。

△二月，《找尋一座山》現代詩集出版，台北，慧明出版社。

△二月十二到十四日，到小烏來過春節，並參訪赫威神木群。

△二月二三到二四日，與台大登山會到花蓮兆豐農場，沿途參拜大理仙公廟。

△四月七日，與山虎隊登夫婦山。

△四月十五日，在范揚松先生的公司第一次見到吳明興先生（當代兩岸重要詩人、作家），二十多年前我們曾一起在「腳印」詩刊發表詩作，未曾謀面。

△四月二十一日，與台大隊登大桐山。

△四月三十日，在台大鹿鳴堂辦第二次44同學會：我、解定國、袁國台、高立興、周念台、林鐵基、童榮南。

△五月三到五日，與台大隊登三叉山、向陽山、嘉明湖。（回來後在台大山訊發表紀行一篇）。

△六月二一到二三日，與苗栗三叉河登山隊上玉山主峰（我的第二次）。

△七月第一週，在政治大學參加「社會科學研究方法」研習營。（主任委員林碧炤）。

△七月十八到二一日，與台大登山會登雪山主峰、東峰、翠池。在「台大山訊」發表「雪山盟」長詩。

△八月二十日，與台大登山會會長張靜二教授及一行十餘人，勘察大溪打鐵寮古道、草嶺山，並到故總統經國先生靈前致敬。

△八月二九到九月一日，與山友十餘人登干卓萬山、牧山、卓社大山。（因氣候惡劣只到第一水源處紮營，三十一日晨撤退下山。）

△九月，《大陸政策與兩岸關係》出版（黎明出版社，九十一年九月）。

△九月二十四日，在台大鹿鳴堂辦第三次44同學會：我、高立興、童榮南、林鐵基、周念台、解定國、周立勇、周禮鶴。

△十月十八到二十日，隨台大登山隊登大霸尖山（大、小霸、伊澤山、加利山），在「台大山訊」發表「聖山傳奇錄」。

△十一月十六日，與台大登山隊登波露山（新店）。

## 民國九十二年（二〇〇三）五十二歲

△元月八日，第四次44同學會（在台大鹿鳴堂），到有：我、周禮鶴、高立興、解定國、袁國台、林鐵基、周立勇。

△元月八日，在台灣大學第一會議室演講「兩岸關係發展與變局」，併發表四本年度新書。（台大教授聯誼會主辦），除《解開兩岸十大弔詭》和《大陸政策與兩岸關係》兩書外尚有：《找尋一座山》（現代詩集，慧明出版）、《愛倫坡恐怖

小說選》。

△二月二十八日，應佛光人文社會學院董事會秘書林利國邀請，在宜蘭靈山寺向輔導義工演講「生命教育與四Q」。

△三月十五、十六日，與妻參加台大登山隊「榛山行」（在雪霸）。

△三月十八日，與曾復生博士在復興電台對談兩岸關係發展。

△三月十九日，到非政府組織（NGO）會館，參加「全球戰略新框架下的兩岸關係研討會」，由「歐洲文教基金會與黨外圓桌論壇」主辦。席間首次與前民進黨主席許信良先生閒談。晚間餐會與前立法委員朱高正先生和台大哲學系教授王曉波夫婦同桌，我和他們都是素昧平生。但兩杯酒一喝，大家就開始高談近代史事，朱委員酒量很好，可能有「千杯不醉」的境界。名片上印有「周易」文言：「夫大人者。與天地合其德。與日月合其明。與四時合其序。與鬼神合其吉凶。先天而天弗違。後天而奉天時。天且弗違。而況予人乎。況于鬼神乎。」，其境界更高。

△三月二十日，叢林一隻不長眼的「肥羊」闖進頂層掠食者的地盤，性命恐將不保；美伊大戰開打，海珊可能支持不了幾天。

△三月二十六日到三十日，隨長庚醫護人員及內弟到大陸，遊西湖、黃山。果然「上有天堂下有蘇杭」、「黃山歸來不看山」，我第一次出國竟是回國。歸程時SARS

開始流行，全球恐慌。

△四月三日到六日，同台大登山隊登雪白山，氣候不佳，前三天下雨。第一天宿司馬庫斯，第二天晨七時起程，沿途林相原始，許多千年神木，下午六時雪白山攻頂，晚上在山下紮營，第三天八點出發，神木如林，很多一葉蘭，下午過鴛鴦湖，五點到棲蘭。第四天參觀棲蘭神木，見「孔子」等歷代偉人，歸程。

△四月十二、十三日，偕妻與台大登山隊再到司馬庫斯，謁見「大老爺」神木群等。

△四月二十一日，第五次44同學會（在台大鹿鳴堂），到者：我、袁國台、解定國、林鐵基、周立勇。

△六月十四日，同台大登山隊縱走卡保逐鹿山，全程二十公里，山高、險惡、瀑布，螞蝗多。

△六月二十八日，參加中國文藝協會舉行「彭邦楨詩選」新書發表會。彭老已在今年三月病逝紐約，會中碰到幾位前輩作家，鍾鼎文、司馬中原、辛鬱、文曉村等人，還有年青一輩的賴益成、羅明河等。

△七月，《孫子實戰經驗研究》出版（黎明出版公司），本書是八十五年學術研究得將作品，獲總統領獎；今年又獲選為「國軍連隊書箱用書」，陸、海、空三軍各級，一次印量七千本。

△七月二十二日到八月二日，偕妻同一群朋友遊東歐三國（匈牙利、奧地利、捷克）。

△十月十日到十三日，登南湖大山、審馬陣山、南湖北峰和東峰。

△十一月，在復興電台鍾寧小姐主持的「兩岸下午茶」節目，主講「兵法•戰爭與人生」（孫子、孫臏、孔明三家）。

△十二月一日，第六次44同學會（台大鹿鳴堂），到有：我、林鐵基、童榮南、解定國、周念台、盧志德、高立興、劉昌明。

## 民國九十三年（二〇〇四）五十三歲

△二月二十五日，第七次44同學會（台大鹿鳴堂），到有：周立勇、高立興、童榮南、鍾聖賜、林鐵基、解定國、周念台、盧志德、劉昌明和我共10人。

△春季，參加許多政治活動，號召推翻台獨不法政權，三月陳水扁自導自演「三一九槍擊作弊案」。

△三月，《大陸政策與兩岸關係》出版，黎明出版社。

△五月二十八日，大哥張冬隆發生車禍，二週後的六月四日過逝。

△五月，《五十不惑》（前傳）出版，時英出版社。

△六月，第八次44同學會（台大鹿鳴堂），到有：我、周立勇、童榮南、林鐵基、解定國、袁國台、鍾聖賜、高立興。

△八月十一到十四日，參加佛光山第十二期全國教師生命教育研習營。

△十月十九日，第九次44同學會（台大鹿鳴堂），到有：我、童榮南、周立勇、高應興、解定國、盧志德、周小強、鍾聖賜、林鐵基。

△今年在空大講「政府與企業」，並受邀參與復興電台「兩岸下午茶」節目。

△今年完成龍騰出版公司《國防通識》（高中課本）計畫案合作伙伴有李文師（政大教官退）、李景素（文化教官退）、項台民（彰化高中退）、陳國慶（台大教官）。計有高中二年四冊及教師用書四冊，共八冊課本。

△十二月，《軍事研究概論》出版（全華科技），合著者九人：洪松輝、許競任、秦昱華、陳福成、陳慶霖、廖天威、廖德智、劉鐵軍、羅慶生，都是對國防軍事素有專精研究之學者。

## 民國九十四年（二〇〇五）五十四歲

△二月十七日，第十次44同學會（台大鹿鳴堂），到有：我、陳鏡培、鍾聖賜、金克強、解定國、林鐵基、高立興、袁國台、周小強、周念台、盧志德、劉昌明，共12人。

△六月十六日，第十一次44同學會（台大鹿鳴堂），到有：我、盧志德、周立勇、解定國、陳鏡培、童榮南、金克強、鍾聖賜、劉昌明、林鐵基、袁國台。

△八月，計畫中的《中國春秋》雜誌開始邀稿，除自己稿件外，有楊小川、路復國、廖德智、王國治、一飛、方飛白、郝艷蓮等多人。

△十月，創刊號《中國春秋》雜誌發行，第四期後改《華夏春秋》，實務行政全由鄭聯臺、鄭聯貞、陳淑雲、陳金蘭負責，妹妹鳳嬌當領導，我負責邀稿，每期印一千五百本，大陸寄出五百本。

△持續在台灣大學聯合辦公室當志工。

△今年仍在龍騰出版公司主編《國防通識》；上復興電台「兩岸關係」節目。

## 民國九十五年（二〇〇六）五十五歲

△元月《中國春秋》雜誌第二期發行，作者群有周興春、廖德智、李景素、王國治、路復國、一飛、范揚松、蔣湘蘭、楊小川等。

△二月十七日，第十二次44同學會（台大鹿鳴堂），到有：劉昌明、高立興、陳鏡培、盧志德、林鐵基、金克強和我共7人。

△四月，《中國春秋》雜誌第四期發行。

△六月，第十三次44同學會（台大鹿鳴堂），到有：我、周小強、解定國、高立興、袁國台、林鐵基、劉昌明、盧志德。

△七月到九月，由時英出版社出版中國學四部曲，四本約百萬字：《中國歷代戰爭

新詮》、《中國近代黨派發展研究新詮》、《中國政治思想新詮》、《中國四大兵法家新詮》。

△七月十二到十六日，參加佛光山第十六期全國教師生命教育研習營。

△七月，原《中國春秋》改名《華夏春秋》，照常發行。

△九月，《春秋記實》現代詩集出版，時英出版社。

△十月，第五期《華夏春秋》發行。

△十月二十六日，第十四次44同學會（台大鹿鳴堂），到有：我、金克強、周立勇、解立國、林鐵基、袁國台、高立興。

△十一月，當選中華民國新詩學會第二屆理事，任期到九十九年十一月十一日。

△《華夏春秋》第六期發行後，無限期停刊。

△高中用《國防通識》（學生課本四冊、教師用書四冊）逐一完成，可惜龍騰出版公司後來的行銷欠佳。

**民國九十六年（二〇〇七）五十六歲**

△元月三十一日，第十五次44同學會（中和天香回味鍋），到有：我、解定國、盧志德、高立興、林鐵基、周小強、金克強、劉昌明。

△二月，《國家安全論壇》出版，時英出版社。

△二月一日，到國防部資電作戰指揮部演講，主題「兩岸關係與未來發展：兼論台灣最後安全戰略的探索」。

△二月，《性情世界：陳福成情詩集》出版，時英出版社。

△三月十日，在「秋水詩屋」，與涂靜怡、莫云、琹川、風信子四位當代大詩人研究，幫我取筆名「古晟」。以後我常用這個筆名，有一本詩集就叫《古晟的誕生》。

△五月，當選中國文藝協會第三十屆理事，任期到一百年五月四日。

△五月十三日，母親節，與妻晚上聽鳳飛飛的演唱會，可惜二〇一二年初病逝，我為她寫一首詩「相約二十二世紀，鳳姐」。

△六月六日，第十六次44同學會（台大鹿鳴堂），到有：我、解定國、高立興、盧志德、周小強、金克強、林鐵基。

△六月十九日，榮獲中華民國新詩學會「詩運獎」，在文協九樓頒獎，由文壇大老鍾鼎文先生頒獎給我。

△十月，小說《迷情・奇謀・輪迴：被詛咒的島嶼》（第一集）出版，文史哲出版社。

△十月十六日，第十七次44同學會（台大鹿鳴堂），到有：我、周立勇、解定國、張安麟、林鐵基、盧志德。

△十月三十一日到十一月四日，參加由文協理事長綠蒂領軍，應北京中國文聯邀訪，

一行人有綠蒂、林靜助、廖俊穆、蘇憲法、李健儀、簡源忠、郭明福、廖繼英、許敏雄和我共10人。

△十一月七日，同范揚松、吳明興三人到慈濟醫院看老詩人文曉村先生。

△十二月中旬，大陸「中國文藝藝術聯合會」一行到文協訪問，綠蒂全程陪同，十六日由我陪同參觀故宮，按其名冊有白淑湘、李仕良等14人。

△十二月十九日，到台中拜訪詩人秦嶽，午餐時他聊到「海鷗」飛不起來了。

△十二月二十二日上午，在國父紀念館參加由星雲大師主持的皈依大典，成為大師座下臨濟宗第四十九代弟子，法名本肇。一起皈依的有吳元俊、吳信義、關麗蘇四兄姊弟，這是一個好因緣。

△十二月二十七日，《青溪論壇》成立，林靜助任理事長，我副之，雪飛任社長。

△十二月，有三本書由文史哲出版社出版：《頓悟學習》、《公主與王子的夢幻》、《春秋正義》。

## 民國九十七年（二〇〇八）五十七歲

△元月五日（星期六），第一次在醉紅小酌參加「三月詩會」，到民國一〇三年底退出。

△元月二十四到二十八日，與妻參加再興學校舉辦的海南省旅遊。

△二月十三日，到新店拜訪天帝教，做《天帝教研究》的準備。
△二月十九日，第十八次44同學會（新店富順樓），到有：我、高立興、解定國、林鐵基、盧志德、金克強、周小強。
△三月二日，參加「全國文化教育界新春聯歡會」，馬英九先生來祝賀，前台大校長孫震、陳維昭等數百人，文壇司馬中原、綠蒂、鍾鼎文均到場，盛況空前。這是大選的前奏曲。
△三月十二日，參加中國文藝協會理監事聯席會議。
△三月，《新領導與管理實務》出版，時英出版社。
△五月十三日下午二時，四川汶川大地震，電話問成都的雁翼，他說還好。
△六月十日，第十九次44同學會（在山東餃子館），到有：我、童榮南、高立興、解定國、袁國台、盧志德、金克強、張安祺。
△六月二十二日，參加青溪論壇社舉辦的「推展華人文化交流及落實做法」，我提報論文「閩台民間信仰文化所體現的中國政治思想初探」，其他重要提文報告人有林靜助、封德屏、陳信元、潘皓、台客、林芙容、王幻、周志剛、一信、徐天榮、漁夫、落蒂、雪飛、彭正雄。
△七月十八日，與林靜助等一行，到台南參加作家交流，拜訪本土詩人林宗源。

△七月二十三日到二十九日，參加佛光山短期出家。

△八月十五日到二一日，參加青溪新文藝學會理事長林靜助主辦「江西三清山龍虎山之旅」，並到九江參加文學交流會。同行者有我、林靜助、林精一、蔡雪娥、彭正雄、金筑、台客、林宗源、邱琳生，鍾順文、賴世南、羅玉葉、羅清標、吳元俊、蔡麗華、林智誠、共16人。

△十月十五日，第二十次44同學會（台大鹿鳴堂），到有：我、陳鏡培、解定國、盧志德、同小強、童榮南、袁國台、林鐵基、黃富陽。

△十一月三十日，參加「湯山聯誼會」，遇老師長陳廷寵將軍。

△今年有兩本書由文史哲出版社出版：《幻夢花開一江山》（傳統詩）、《一個軍校生的台大閒情》。

△整理這輩子所寫的作品手稿約一人高，贈台大圖書館典藏。

## 民國九十八年（二〇〇九）五十八歲

△二月十日，第二一次44同學會（台大鹿鳴堂），到有：我、袁國台、解定國、高立興、童榮南、盧志德、黃富陽。

△六月，小說《迷情・奇謀・輪迴：進出三界大滅絕》（第二集）出版，文史哲出版社。

△六月上旬，第二二次44同學會（台大鹿鳴堂），到有：我、林鐵基、童榮南、袁國台、高立興、解定國、金克強、盧志德。

△六月十七、十八日，參加台大「退聯會」阿里山兩日遊。

△十月，小說《迷情・奇謀・輪迴：我的中陰身經歷記》（第三集）出版，文史哲出版社。

△十月六日，第二三次44同學會（公館越南餐），到有：盧志德、解定國、林鐵基、金克強、周小強和我。

△十一月六到十三日八天，參加重慶西南大學主辦「第三屆華文詩學名家國際論壇」，後四天到成都（第一次回故鄉）。此行我提報一篇論文「中國新詩的精神重建」（約兩萬多字），同行者另有雪飛、林芙蓉、李再儀、台客、鍾順文、林于弘、林精一、吳元俊、林靜助。

△十一月二十八日，到國軍英雄館參加「湯山聯誼會」，老將郝伯村批判李傑失了軍人氣節。

△十二月，《赤縣行腳・神州心旅》（詩集）出版，秀威出版公司。

△今年有三本書由文史哲出版社出版：《愛倫坡恐怖推理小說》、《春秋詩選》、《神劍與屠刀》。

## 民國九十九年（二〇一〇）五十九歲

△元月二十三日，由藝文論壇社和紫丁香詩刊聯合舉辦，「陳福成小說《迷情・奇謀・輪迴》評論會」，在台北老田西餐廳舉行。提評論文有金劍、雪飛、許其正、狼跋、謝輝煌、胡其德、易水寒等七家，與會有文藝界數十人。會後好友詩人方飛白也提出一篇。

△三月一日，第二四次44同學會（台大鹿鳴堂），到有：我、周小強夫婦、解定國、袁國台、林鐵基、盧志德、曹茂林、金克強、黃富陽、童榮南共11人。

△三月三十一日，「藝文論壇」和「創世紀」詩人群聯誼，中午在國軍英雄館牡丹廳餐敘。創世紀有張默、辛牧、落蒂、丁文智、方明、管管、徐瑞、古月，八人與會；藝文論壇有林靜助、雪飛、林精一、彭正雄、鄭雅文、徐小翠和我共7人參加。

△四月二一到二二日，台大溪頭、集集兩日遊，「台大退聯會」主辦。

△六月，《八方風雨・性情世界》出版，秀威出版社。

△六月八日，第二五次44同學會（台大鹿鳴堂），到有：我、金克強、郭龍春、解定國、高立興、童榮南、袁國台、林鐵基、盧志德、周小強、曹茂林，共11人。

△八月十七到二十日，參加佛光山「全國教師佛學夏令營」，同行有吳信義師兄等

多人。

△十月五日，第二六次44同學會（今起升格在台大水源福利會館），到有：曹茂林、解定國、童榮南、林鐵基、盧志德、周小強和我共7人。

△十月二六日到十一月三日，約吳信義、吳元俊兩位師兄，到山西芮城拜訪尚未謀面的劉焦智先生，我們因看「鳳梅人」報結緣。

△十一月，《男人和女人的情話真話》（小品）出版，秀威出版社。

△今年有四本書由文史哲出版社出版：《洄游的鮭魚》、《古道・秋風・瘦筆》、《山西芮城劉焦智鳳梅人報研究》、《三月詩會研究》。

## 民國一〇〇年（二〇一一）六十歲

△元月，小說《迷情・奇謀・輪迴》合訂本出版，文史哲出版社。

△元月二日，當選中華民國新詩學會第十三屆理事、任期到一〇四年一月一日。

△元月十日，第二七次44同學會（台大水源福利會館），到有：我、黃富陽、高立興、林鐵基、周小強、解定國、童榮南、曹茂林、盧志德、郭龍春共10人。

△二月，《找尋理想國》出版，文史哲出版社。

△二月十九日，在天成飯店參加「中國全民民主統一會」會員代表大會，吳信義、吳元俊兩位師兄也到，會場由王化榛會長主持。會中遇到上官百成先生，會後我

寫一篇文章「遇見上官百成：想起上官志標和楊惠敏」，刊載《新文壇》雜誌（26期，一〇一年元月）。

△三月二二日，上午參加「台大退聯會」理監事聯席會議。

△三月二五日，晚上在台大校總區綜合體育館開「台大逸仙學會」，林奕華也來了，認識她很久了，每回碰到她都很高興。

△四月，《我所知道的孫大公》（黃埔28期）出版，文史哲出版社。

△四月，《在鳳梅人小橋上：中國山西芮城三人行》出版，文史哲出版社。

△五月五日，參加緣蒂在老爺酒店主的「中國文藝協會三十一屆理監事會」，同時當選理事，任期到一〇四年五月五日。與會者如以下這份「原始文件」：

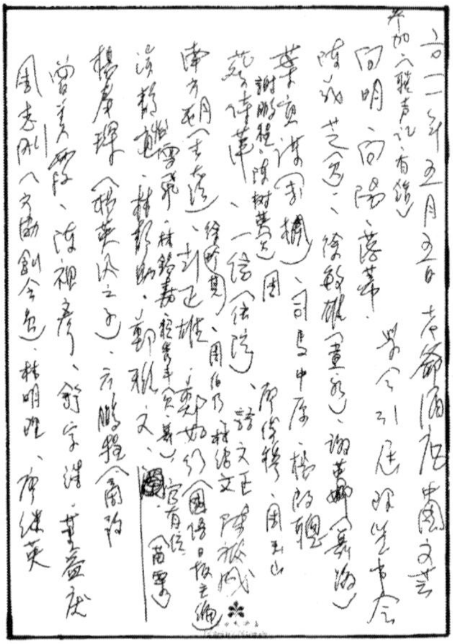
一〇四年五月五日 老爺酒店 中國文藝 [illegible]
[illegible]
向明、向陽、落蒂、
[illegible]

△五月，《漸凍勇士陳宏傳》出版，文史哲出版社。

△六月，《大浩劫後》出版，文史哲出版社。

△六月三日，第二八次44同學會（台大水源福利會館），到有：我、郭龍春、解定國、高立興、童榮南、林鐵基、盧志德、周小強、黃富陽、曹茂林、桑鴻文共11人。

△六月十一日，到師大參加「黃錦鋐教授九秩嵩壽華誕聯誼茶會」，黃伯伯就住我家樓上，他已躺了十多年，師大仍為他祝壽，真很感人。

△七月，《台北公館地區開發史》出版，唐山出版社。

△七月七到八日，與妻參加台大退聯會的梅峰、清境兩日遊。

△七月，《第四波戰爭開山鼻視賓拉登》出版，文史哲出版社。

△八月，《台大逸仙學會》出版，文史哲出版社。

△八月十七到二十日，參加佛光山「全國教師佛學夏令營，主題「增上心」。

△九月九日到二十日，台客、吳信義夫婦、吳元俊、江奎章和我共六人，組成「山西芮城六人行」，前兩天先參訪鄭州大學。

△十月十二日，第二九次44同學會（台大水源福利會館），到有：我、黃國彥、解定國、高立興、童榮南、袁國台、林鐵基、周小強、金克強、黃富陽、郭龍春、桑鴻文、盧志德、曹茂林，共14人。

△十月十四日，邀集十位佛光人中午在台大水源會館雅聚，這十人是范鴻英、刑筱

容、陸金竹、吳元俊、吳信義、江奎章、郭雪美、陳雪霞、關麗蘇。

△十一月十日，台大社團晚會表演，在台大小巨蛋（新體育館），由我吉他彈奏，吳普炎、吳信義、吳元俊、周羅通和關麗蘇合唱三首歌，「淚的小花」、「茉莉花」、「河邊春夢」。

## 民國一〇一年（二〇一二）六十一歲

△元月四日，第三十次44同學會（台大水源福利會館），到有：我、桑鴻文、高立興、林鐵基、解定國、童榮南、袁國台、盧志德、金克強、曹茂林、郭龍春、陳方烈。

△元月十四日，大選・藍營以689萬票對綠營609萬票，贏得有些辛苦。基本上「九二共識」、「一中各表」已是台灣共識。

△《中國神譜》出版（文史哲出版社，二〇一二年元月）。

△二月，寫一張「保證書」給好朋友彭正雄先生，把我這輩子所有著作全送給他，由他以任何形式、文字，在任何地方出版發行。這是我對好朋友的回報方式。

△二月，開始規畫、整理出版《陳福成文存彙編》，預計全套八十本（總字數近千萬），由彭正雄所經營的文史哲出版社出版。

△二月十九日中午，葡萄園詩刊同仁在國軍英雄館餐聚，到會有林靜助、曾美玲、

杜紫楓、李再儀、台客、賴益成、金筑和我八人。大家商討今年七月十五日是葡萄園的五十大壽，準備好好慶祝。

△三月二十二日，倪麟生事業有成宴請同學《公館自來水博物館內》，到有：我、倪麟生、解定國、高立興、盧志德、曹茂林、郭龍春、童榮南、桑鴻文、李台新，共十人。

△《金秋六人行：鄭州山西之旅》出版（文史哲出版社，二〇一二年三月）。

△《從皈依到短期出家》（唐山出版社，二〇一二年四月）。

△《中國當代平民詩人王學忠》出版（文史哲出版社，二〇一二年四月）。

△《三月詩會二十年紀念別集》（文史哲出版社，二〇一二年六月）。

△五月十五日，第三一次44同學會（台大水源福利會館），到有：我、陳方烈、桑鴻文、解定國、高立興、童榮南、林鐵基、盧志德、周小強、金克強、曹茂林、李台新、倪麟生，共十三人。

△九月有三本書出版：《政治學方法論概說》、《西洋政治思想史概述》、《最自在的是彩霞》，文史哲出版社。

△十月二十二日，第三二次44同學會（台大水源福利會館），到有：我、解定國、高立興、童榮南、林鐵基、盧志德、李台新、桑鴻文、郭龍春、倪麟生、曹茂林、

周小強，共十二人。

△《台中開發史：兼龍井陳家移台略考》出版，文史哲出版，二〇一二年十一月。

△十二月到明年元月，大愛電視台記者紀儀羚、吳怡旻、導演王永慶和另三位攝影師，一行六人，來拍「陳福成講公館文史」專集節目，在大愛台連播兩次。

**民國一〇二年（二〇一三）六十二歲**

△元月十一日，參加「台大秘書室志工講習」，並為志工講「台大‧公館文史古蹟」（上午一小時課堂講解，下午三小時現場導覽）。

△元月十五日，「台大退休人員聯誼會」理監事在校本部第二會議室開會，並選舉第九屆理事長，我意外當選理事長，二二日完成交接，任期兩年。

△元月十七日，第三三次44同學會（台大水源福利會館），到有：我、倪麟生、林鐵基、桑鴻文、解定國、高立興、盧志德、周小強、曹茂林、郭龍春、陳方烈、余嘉生、童榮南，共十三人。

△二月，《嚴謹與浪漫之間：詩俠范揚松》出版，文史哲出版社。

△三月，當選「中國全民民主統一會」執行委員，任期到一〇三年三月二十八日。（會長王化榛）。

△三月，《讀詩稗記：蟾蜍山萬盛草齋文存》出版，文史哲出版社。

△五月，《與君賞玩天地寬：陳福成作品評論和迴響》、《古晟的誕生：陳福成60詩選》、《迷航記：黃埔情暨陸官44期一些閒話》三書出版，由文史哲出版社出版發行。

△五月十三日，第三四次44同學會（台大水源福利會館），到有：我、李台新、解定國、高立興、林鐵基、童榮南、盧志德、金克強、曹茂林、虞義輝、郭龍春、桑鴻文、陳方烈、倪麟生、余嘉生、共十五人。

△七月，《孫大公的思想主張書函手稿》、《日本問題終極處理》、《一信詩學研究》三書出版，均文史哲出版社。

△七月四日，鄭雅文、林錫嘉、彭正雄、曾美霞、落蒂和我共六個作家詩人，在「豆豆龍」餐廳開第一次籌備會，計畫辦詩刊雜誌，今天粗略交換意見，決定第二次籌備會提出草案。

△八月十三到十六日，參加佛光山「教師佛學夏令營」，同行尚有吳信義、關麗蘇。

△八月三十一日，為詩人朋友導覽公館古蹟，參加者有范揚松、藍清水夫婦、陳在和、吳明興、胡其德、吳家業、許文靜、鍾春蘭、封枚齡、傅明其。

△九月七日，上午在文協舉行《一信詩學研究》新書發表會及討論，由綠蒂主持。

△九月十日，假校總區第二會議室，主持「台大退休人員聯誼會」第九屆第四次理

監事聯席會議，會中由會員組組長陳志恆演講，題目「戲緣——京劇與我」。

△九月二七日，參加「台大文康會各分會負責人座談會暨85週年校慶籌備會議」，地點在台大巨蛋，由文康會主委江簡富教授（電機系）主持，各分會負責人數十人到場。

△十月七日，第三五次44同學會（改在北京樓），到有：我、余嘉生、解定國、虞義輝、童榮南、盧志德、郭龍春、桑鴻文、李台新、陳方烈、袁國台，共十一人。

△十月十二日，在天成飯店（火車站旁），參加「中國全民民主統一會」第七屆第二次執監委聯席會。討論會務發展及明春北京參訪事宜。

△十月十九日，由台大三個社團組織（教授聯誼會會長游若篍教授、職工聯誼會秘書楊華洲、退聯會理事長我本人）聯合舉辦「未婚聯誼」，在台大巨蛋熱鬧一天，到場有第二代子女近四十人參加。

△十一月九日，重慶西南大學文學系教授向天淵博士來台交流講學，中國詩歌藝術學會理事長林靜助先生，在錦華飯店繳請「兩岸比較文學論壇」，我和向教授在兩年前有一面之緣。

△十一月十二日，假校總區第二會議室，主持「台大退聯會」第十屆第五次理監事聯席會議。陳定中將軍蒞臨演講，題目「原子彈與曼哈頓計劃的秘密」，另討論十二月三日會員大會事宜。

△十一月十三日，小路（路復國同學）來台北開會，中午我和老袁（袁國台）與他相見，老袁請吃牛肉麵，我在「新光」高層請喝咖啡賞景。

△十一月二十四日，台大退聯會、教聯會和職工會合辦「兩性聯誼」活動，第三場在文山農場，場面熱鬧。

△十一月二十八日，晚上，台大校慶文康晚會在台大巨蛋舉行，退聯會臨時組合唱團由我吉他伴奏參加，也大受歡迎。

△十二月三日上午，台大退聯會在第一會議室舉行年度大會，近兩百教職員工參加，主秘林達德教授代表校長致詞，歷屆理事長（宣家驊將軍、方祖達教授、楊建澤教授、丁一倪教授）均參加，我自今年元月擔任理事長以來，各方反應似乎還算滿意。

△十二月十日，約黃昏時，岳父潘翔皋先生逝世，高壽九十四歲，福壽雙全，除老人退化病外，無任何重症，睡眠中無痛而去，真是福報。他們兒女決定簡約辦理，十七號舉行告別式。

△十二月十八日，中午，參加在「喜萊登」由鄭雅文小姐主持成立的「華文現代詩刊」，到會有主持鄭雅文、筆者及麥穗、莫渝、林錫嘉、范揚松帶秘書曾詩文、曾美霞、龔華、劉正偉、雪飛等。

△十二月二十二日，在「儷宴會館」（林森北路），參加44期北區同學會，改選理監事及會長，虞義輝當選會長，我當選監事。

△十二月三十日，這幾年，每年年終跨年，一群詩人、作家都在范揚松的大人物公司跨年，今年也是，這次有：范揚松、胡爾泰、方飛白、許文靜、傅明琪、劉坤靈、吳家業、梁錦鵬、吳明興、陳在和及筆者。

## 民國一〇三年（二〇一四）六十三歲

△元月五日，與妻隨台大登山會走樟山寺，到樟山寺後再單獨走到杏花林，中午在「龍門客棧」午餐，慶祝結婚第34年。

△元月九日，爆發「梁又平事件」（詳見《梁又平事件後：佛法對治風暴的沈思與學習》乙書）。

△元月十一日，在天成飯店參加「中國全民民主統一會」執監委員會，由會長王化榛主持，並確定三月北京行名單。

△元月十二日，與妻隨台大登山會走劍潭山，沿途風景優美。

△元月二十四日，參加台大志工講習會，會後參觀台大植博館。

△元月、二月，有三本書由文史哲出版，《把腳印典藏在雲端》、《台北的前世今生》、《奴婢妾匪到革命家之路：謝雪紅》。

△春節，那裡也沒去，每天照常在新店溪畔散步、寫作、讀書。

△二月九日，參加「台大登山會」新春開登，目的地是新莊牡丹心環山步道」，在泰山、林口接壤的牡丹山系，全天都下著不小的雨，考驗能耐。我和信義、俊歌兩位師兄，都走完全程，各領一百元紅包。

△二月十八日，中午與食科所游若篍教授共同主持兩個會，教授聯誼會邀請台北市教育局長林奕華演講，及「千歲宴」第二次籌備會。到會另有職工會秘書華洲兄、陳梅燕等十多人。

△二月廿一、廿二日，長青四家夫妻八人（虞、張、劉、我及內人們），在張哲豪的基隆「公館」度假，並討論四月花蓮行，決議四月十四、十五、十六共三天到花蓮玩。

△三月三日，中國文藝協會以掛號專函通知，榮獲第五十五屆中國文藝獎章文學創作獎，將於五月四日參加全國文藝節大會，接受頒獎表揚。

△三月八日，晚上在三軍軍官俱樂部文華廳，參加由中國文藝協會理事長王吉隆先生所主持的理監事聯席會，有理監事周玉山、蘭觀生、曾美霞、徐菊珍等十多人參加。

△三月十日，由台大教聯會主辦，退聯會和職工會協辦，邀請台北市教育局長林奕

華演講，主題關於十二年國教問題，中午十二時到下午一點三十圓滿完成（在台大第一會議室）。

△三月十六日，三月是台大的「杜鵑花節」，每年三月的假日，我們擔任台大秘書室的志工們，都輪值校門口「坐台」（服務台），招呼人山人海的參訪來賓。今天上午九時到下午一時我值班，下班立即前往第一殯儀館「鼎峰會館」，向陳宏大哥上香致敬，並以《漸凍勇士陳宏傳：他和劉學慧的傳奇故事》一書代香花素果，獻於陳大哥靈前。此因十八號他的追思會我在台大有兩個重要會議要開，向學慧師姊說了先來拈香，我也因寫了陳宏的回憶錄，和他有心靈感應，他也給我的人生有重大啟示，故向陳宏大哥獻書，願他一路好走，在西方極樂世界修行，別再重回六道，受人間諸苦。

△三月十八日，上午主持今年第一次「台大退休人員聯誼會」理監事會，並邀請吳信義學長會後演講，到有全體理監事各組長二十多人。下午參加校長楊泮池主持的「退休人員茶會」，按往例我參與茶會並在會中報告退聯會活動，陳志恆小姐隨同我參加，在現場「招兵買馬」，成效甚佳。

△三月二十日，上午到二殯參加海軍少將馬振崑將軍公祭（現役五十七歲），我以台大退聯會理事長身份主祭，信義和俊歌兩位師兄與祭。現場有高華柱、嚴明、葉昌桐等高級將領，至少有五十顆星星以上。

下午，到翔順旅行社（松江路）參加北京行會議，下週二共二十人參加這次訪問。

△三月二十一日，中餐，在「台大巨蛋」文康交誼廳，參加由台大文康委員會主委

江簡富教授（電機系）所主持，「一〇三年文康會預算會議」，到有台大教職員各社團負責人近三十人。

△三月廿五到三十日，應中國全民民主統一會會長王化棒先生及信義、俊歌兩位師兄之邀請，以特約記者的身份參加全統會北京、天津參訪團，全團二十人。我們拜會天津、北京的中國和平統一促進會、黃埔軍校同學會等。（詳見我所著《中國全民民主統一會北京天津行：兼略論全統會的過去現在和未來發展》，文史哲出版）

△四月十四、十五、十六，近半年來我積極推動的「長青家族花蓮行」，終於成真，內心感到安慰極了。回想五年多來，長青家族的聚會竟如同打烊，太氣人了。這件事能促成，比我在花蓮擁有一甲地更值得。這心聲在三天旅遊中我沒說出來，今只在此說給大家聽，義輝、阿妙、阿張、金燕、劉建、Linda 和我妻，「以心傳心」傳給你們聽！

△五月二日，由中國文藝協會主辦，行政院文建會贊助指導，第五十五屆文藝獎章得獎人，今天在部份平面媒體公告，下列是聯合報資料。後天就是「五四文藝節」，將在三軍軍官俱樂部盛大慶祝並頒獎。據聞，副總統吳敦義將親自主持。

聯合報.103.5.2.

〈聯副文訊〉二則

## 中國文藝獎章名單揭曉

由中國文藝協會主辦的中國文藝獎章，本年度榮譽文藝獎章得主為：廖玉蕙（文學類）、崔小萍（影視類）、陳陽春（美術類）、張炳煌（書法類）。

第五十五屆文藝獎章獲獎人為：王盛弘（散文）、鯨向海（新詩）、田運良（詩歌評論）、梁欣榮（文學翻譯）、陳福成（專欄）、洪能仕（書法）、吳德和（雕塑）、張璐瑜（水彩）、劉家正（美術工藝）、林再生（攝影）、戴心怡（國劇表演）、李蕙峻（客家戲表演）、梁月孆（戲曲推廣）、孫麗桃（民俗曲藝）、魏大為（音樂工作）、孫翠玲（舞蹈教學）、曾美霞、鄭雅文、鄔迅（文藝工作獎）楊寶華（文創及文化交流）、劉詠平（海外文藝工作獎）。（丹墀）

△五月四日，下午到晚上，參加全國文藝節及文藝獎章頒獎典禮，直到晚上的文藝晚會都在三軍軍官俱樂部。往年都是總統馬英九主持，今年他可能因母喪，改由副總統吳敦義主持。

△五月初的某晚，關雲的女兒打電話給我，媽媽走了！我很震驚，她是中國文藝協會會員、三月詩會詩友，六十五歲突然生病很快走了！怎不叫人感慨！

△五月二十日，籌備半年多的「台大退聯會千歲宴」，終於快到了，今天是退聯會上班日，大家做最後準備。中午到食科所午餐，三個分會（退聯會、教聯會、職工會），再開宴前會，確認全部參加名單和過程。

△五月廿二日，上午九點到下午兩點，千歲宴正式成功辦完，校長楊泮池教授也親臨致詞，和大家看表演、合照。今天到有八十歲以上長者近四十人，宣家驊將軍、方祖達教授等都到了。

△六月二日，今天端午節，中午在中華路典漾餐廳，由全統會會員（會長王化榛、秘書長吳信義、會員吳元俊，我等十多人），宴請天津來訪朋友，有些我們三月去天津已見過，他們到有：王平、劉正風、李偉宏、蔣金龍、錢鋼、商駿、吳曉琴、李衛新、賈群、陳朋，共十人。

△到六月止，近十個月來，完成出版的書有：《把腳印典藏在雲端：三月詩會詩人手稿詩》、《台北公館台大地區考古・導覽》、《我的革命檔案》、《中國全民民主統一會北京行》、《六十後詩雜記現代詩集》、《胡爾泰現代詩研究》、《從魯迅文學醫人魂救國魂說起》；另外，《臺大退聯會會務通訊》也正式出版，第

一版先給理監事會看，年底會員大會再印贈會員。

△六月十一日，《臺大會訊》報導「千歲宴」盛況如下：

《臺大校訊》，二〇一四年六月十一日，第四版。

## 退休人員 職工及教師聯誼分會舉辦千歲宴活動

爲關懷退休人員較年長者平常較少於校園活動，文康會退休人員、職工及教師三個聯誼分會5月24日假綜合體育館文康室舉辦80歲以上「千歲宴」活動。出席名單包括：教務處課務組主任郭輔義先生、軍訓室總教官宣家驊、軍訓室教官鍾鼎文、軍訓室教官鄭義峰、總務處保管組股長林 參、總務處蕭添壽先生、總務處翁仙啓先生、圖書館組員柯環月女士、圖書館閱覽組股長王鴻龍、文學院人類系組員周崇德、理學院動物系教授李學勇、法學院王忠先生、法學院工王本源先生、醫學院組員洪林寶祝、醫學院組員連興潮、工學院電機系教授楊維禎、農學院生工系教授徐玉標、農學院園藝系教授方祖達、農學院技正路統信、農學院園藝系教授康有德、附設醫院護士曾廖日妹、農業陳列館主任劉天賜、圖書館組員紀張素瑩、附設醫院組員宋麗音、理學院海洋所技正鄭展堂、理學院化學系技士林添丁、附設醫院組員葉秀琴、附設醫院技佐王瓊瑛、附設醫院技士劉人宏、農學院農化系教授楊建澤、農學院農經系教授許文富、園藝系教授洪 立、農學院森林系教授汪 淮、軍訓室教官茹道泰、電機系技正郡依俤。

△六月十三日，上午率活動組長關麗蘇、會員組長陳志恆、文康組長許秀錦，拜會位於新店的天帝教總會，他們有劉曉蘋、李雪允、郝寶驥、陳啟豐、陳己人等多位接待我們。議決九月十七日，台大退聯會組團（40人）參訪天帝教的天極行宮（在台中清水）。會後，中午在總會吃齋飯。

△六月十七日，主持台大退聯會理監事會，我主要報告《會務通訊》出版事宜，經

費籌劃等。

△六到七月，我的《華夏春秋》雜誌打烊後，曾有大陸朋友要在大陸復刊，江蘇的高保國搞一期又打烊了。最近遼寧的金土先生復刊成功，希望他能長長久久辦下去。以下是創刊號的封面和內首頁。

本刊社長陳福成 2009 年於西南大學留影。

葫蘆島市環保局局長、
本刊顧問羅建彪題。

△到八月止：在文史哲出版社完成出版的著作，七、八月有：《留住末代書寫的身影》、《我這輩子幹了什麼好事》、《「外公」和「外婆」的詩》、《中國全民民主統一會北京天津行》。

△八月一到五日，參加「二〇一四佛光山佛學夏令營」，今年主題是「戒定慧」。同行的好友尚有：吳信義、吳元俊、關麗蘇、彭正雄。

△八月二十六日，主持「台大退休人員回娘家」聯歡餐會，在「台大巨蛋」文康室熱鬧一天，近百會員參加。

△九月二日，主持「台大退聯會」第九屆第七次理監事會，我在會中發表〈不連任、不提名聲明書〉，但全體理監事堅持要我接受提名連任，只好從善如流，接受承擔。

△九月十六日，下午參加由校長楊泮池教授主持的「退休人員茶會」，我的任務是報告「台大退聯會」概況並積極「招兵買馬」。

△九月十七日，率台大退休人員一行40人，到台中清水參訪「天帝教天極行宮」。

△九月到十月間，退聯會、聯合服務中心，工作和值班都照常，多的時間寫作、運動，日子好過，天下已不可為，就別想太多了。

△十一月四日，主持「台大退聯會」第九屆第八次理監事會，也是為下月二日年度

會員大會的籌備會，圓滿完成。

十二月二日，主持「台灣大學退休人員聯誼會」第九屆2014會員大會，所提名十五位理事、五位監事全數投票通過，成為下屆理監事。

△十二月十三日，下午參加《陸官44期同學理監事會》，會後趕回台大參加社團幹部座談、餐會。

△十二月十四日，三軍軍官俱樂部參加「中華民國新詩學會」理監事會。

△台大秘書室志工午餐（在鹿鳴堂），到有：叢曼如、孫茂鈴、郭麗英、朱堂生、吳元俊、吳信義、孫洪法、鄭美娟、簡碧惠、王淑孟、楊長基、宋德才、陳蓓蒂、許詠婕、郭正鴻、陳美玉、王來伴、蘇克特、許文俊、林玟妤來賓和筆者共21人。

△關於民一〇二、一〇三年重要工作行誼記錄，另詳見《台灣大學退休人員聯誼會第九任理事長記實》一書，文史哲出版。

## 民國一〇四年（二〇一五）六十四歲

△元月六日，主持「台大退休人員聯誼會」第十屆理監事，在校本部第二會議室開會投票，我連任第十屆理事長。

△關於民一〇四、一〇五年重要工作行誼記錄，詳見《台灣大學退休人員聯誼會第十任理事長記實暨2015 2016事件簿》（計畫出版）為準。